CASAIS e FAMÍLIAS

Um enfoque atual

Luiz Carlos Osorio

CASAIS e FAMÍLIAS

Um enfoque atual

Luiz Carlos Osorio

Uma revisão atualizada e ampliada pelo autor sobre os temas abordados por um dos pioneiros no estudo de casais e famílias no país.

Artesã

Casais e famílias: um enfoque atual

DIRETOR
Alcebino Santana

COORDENAÇÃO EDITORIAL
Karol Oliveira

DIREÇÃO DE ARTE
Tiago Rabello

REVISÃO
Giovanna Marques Hailer Felipe

CAPA
Karol Oliveira

IMAGENS DE CAPA
Jimmy Dean / Unsplash.com
Juliane Liebermann/ Unsplash.com
Karol Oliveira

PROJETO GRÁFICO E DIAGRAMAÇÃO
Conrado Esteves

O83 Osorio, Luiz Carlos, 1939-.

Casais e famílias: um enfoque atual / Luiz Carlos Osorio. – 2. ed. – Belo Horizonte : Artesã, 2021.

196 p. ; 23 cm.

ISBN: 978-65-86140-68-2

1. Psicologia. 2. Casais. 3. Famílias. 4. Contemporaneidade. I. Título.

CDU159.9

Catalogação: Aline M. Sima CRB-6/2645

IMPRESSO NO BRASIL
Printed in Brazil

(31)2511-2040 (31)99403-2227
www.artesaeditora.com.br
Rua Rio Pomba 455, Carlos Prates - Cep: 30720-290 | Belo Horizonte - MG
/artesaeditora

Sumário

Introdução

Este livro constitui-se numa versão atualizada, amplificada e modificada de textos anteriores. As alterações introduzidas justificam novo título e configuração. Continua com a intenção primordial de preencher uma lacuna na literatura disponível aos que iniciam no campo das terapias de famílias, além de tornar-se uma leitura descomplicada para os não iniciados ou leigos na matéria.

Os cursos destinados à formação dos futuros terapeutas de família, não só no Brasil como no resto do mundo, geralmente privilegiam o estudo da epistemologia sistêmica, a qual sustenta essa formação e as técnicas de abordagem psicoterápica nela inspirada, sem dar maior ênfase nesses programas formativos à análise da família em suas vertentes antropológicas, à história de sua evolução através dos tempos, a variantes culturais e, *last but not least,* ao processo que desencadeou as transformações que marcam a feição contemporânea das relações no âmbito do grupo familiar.

A prolífica literatura surgida ao longo do desenvolvimento dessa recente, porém já consagrada disciplina, que é a terapia familiar, tem se destinado prioritariamente à abordagem das diferentes correntes e tendências teórico-técnicas, pouco se dedicando ao exame dos conceitos básicos sobre o grupo familiar, sua estrutura e funcionamento, bem como sobre as peculiaridades desse agrupamento humano, tanto no que lhe é intrínseco quanto na interação com outros sistemas com os quais se vincula no contexto da sociedade hodierna.

Na verdade, há de se fazer justiça, mencionando uma crescente preocupação entre os estudiosos da terapia familiar em corrigir tais distorções ou omissões iniciais, principalmente no que tange a situar a família na trama das redes sociais e a sua inserção na dinâmica da vida comunitária, bem como considerar as contínuas transformações nas configurações e no comportamento dos sistemas conjugais e familiares nos dias atuais. Aliás, esta será a tônica do texto atual.

Resolvi manter neste livro, que ora entrego aos leitores, o caráter eclético quanto àqueles a quem se destina, pois entendo ser a família assunto de interesse universal, em que todos somos especialistas por delegação existencial, e não apenas aqueles que tomaram a terapia de casais e famílias como foco de seu interesse profissional.

Este livro é um "ensaio", ou seja, uma abordagem do tema sem maiores preocupações em aprofundá-lo e muito menos esgotá-lo. Leva o propósito de tão somente constituir-se num estímulo à reflexão dos leitores sobre um assunto intrinsecamente vinculado à sua realidade vivencial: as relações conjugais e familiares na época em que estamos vivendo.

O estudo da família processa-se atualmente sob o signo da perplexidade, face às surpreendentes transformações pelas quais tem passado a estrutura familiar na contemporaneidade. Tais transformações ocorreram sob a égide da chamada "revolução sexual" e sob o influxo do questionamento dos papéis do homem e da mulher em suas relações interpessoais, experienciadas no contexto de uma sociedade que transita por um período de mudanças no seu sistema de valores, quiçá sem precedentes na história do processo civilizatório.

O movimento feminista, o reconhecimento dos direitos da criança e do adolescente, a desvinculação do ato sexual da função de procriar com o advento dos modernos métodos anticoncepcionais, a institucionalização do consumo como pauta cultural no mundo atual, os avanços tecnológicos e suas repercussões no prolongamento da vida humana: eis aí algumas das questões subjacentes à feição hodierna da família.

São tais e tantas as mudanças que se processam nas formas e nos conteúdos da vida familiar que há quem venha vaticinando sua extinção como instituição humana. No entanto, a família parece estar mais viva do que nunca. Indícios dessa sua vitalidade são: a tendência contemporânea em buscar as saídas para o mal-estar vigente na "aldeia global" em que habitamos no âmbito da vida familiar, a retomada do interesse por seu estudo nas ciências humanas em geral, e a inclinação a considerar as terapias familiares como a abordagem psicoterápica mais adequada a nossos tempos.

Há uma generalizada preocupação com o destino das estruturas familiares tradicionais, que se teme por sua falência na função de normatizar as transformações sociais em curso e questiona-se sua possibilidade de adaptar-se ao ritmo frenético do progresso tecnológico, o qual monitora o advento deste milênio. Isso nada mais é do que a confirmação indireta de que a família continua sendo percebida como viga mestra de qualquer realinhamento no processo evolutivo do ser humano. Por isso, me parece lícito afirmar, parodiando Lavoisier, que "na família nada se perde, nada se cria, tudo se transforma."

Ressignificar a família na sua função balizadora de nosso périplo existencial é um imperativo nos dias que correm; reposicioná-la como guardiã de nossas identidades pessoais é *conditio sine qua non* para a superação das ansiedades confusionais a que estamos sujeitos pelas características competitivas do mundo atual; revitalizá-la com o aporte de novas e mais satisfatórias modalidades de relacionamento entre seus membros é indispensável para seguirmos aperfeiçoando a convivência humana. Por fim, repensá-la é uma tarefa a ser por todos nós compartida por sua transcendência para a condição humana.

Não obstante, nosso objetivo seja o de contribuir com o aporte de novos conhecimentos dentro do propósito de atualização implícito no título deste volume, faz-se mister alertar o leitor sobre o caráter estritamente pessoal da abordagem do tema, pois a maior parte dos conceitos e das opiniões emitidas no texto provém menos da literatura compulsada para a elaboração dos diversos capítulos do que do convívio com casais e famílias ao longo da trajetória profissional do autor.

Vejamos, agora, uma breve resenha sobre o conteúdo das páginas que virão a seguir.

O ensaio abre-se com uma tentativa de situar o significado da expressão "família" dentro das várias acepções possíveis e do universo multifacetado das formas que assumiu esse agrupamento humano no decurso da história. Por meio do exame dos papéis familiares e das funções biopsicossociais que a família exerce, procura-se compreender seu significado na gênese e no desenvolvimento das distintas civilizações. Assim como os indivíduos, a família tem um ciclo vital – e com sua análise encerra-se esse capítulo inicial.

Após a apresentação das origens da família e as considerações sobre sua condição de grupo humano primordial, apresenta-se uma visão panorâmica da família através dos tempos. Aborda-se, então, a dinâmica das relações conjugais no contexto da época atual, sob a influência das mudanças no paradigma do comportamento sexual humano.

Na sequência, é esboçado o protótipo da família dos nossos dias por meio das características culturais do momento histórico atual, traçando-se o perfil das novas configurações familiares a partir de uma realidade contingencial de nossa época, qual seja o alto índice de separações conjugais e a consequente fragmentação dos núcleos familiares, com suas reconstituições, segundo padrões até então inusitados. Modelos *sui generis* de agrupamentos familiares determinados pela liberação dos costumes sexuais são examinados, bem como é lançado um olhar prospectivo sobre formas inéditas de constituições familiares tornadas viáveis pelo progresso tecnológico na área da reprodução humana.

Utilizando-nos de uma metáfora, a busca da alquimia íntima, traçamos um perfil dos elementos necessários para a obtenção de uma relação satisfatória entre os membros de um casal. E o que leva um casal a desistir do relacionamento e no que os terapeutas de casais podem ajudar para que a separação se faça da maneira menos traumática possível e com menos sofrimento para todos, incluindo os filhos, quando existirem.

No capítulo seguinte, apresenta-se um modelo de atendimento a casais e suas famílias, o qual denominamos "laboratório", e que se destina à criação de espaços para repensar as relações humanas na família, propondo-se a ser uma abordagem distinta tanto dos modelos pedagógicos quanto dos terapêuticos, objetivando propiciar às famílias contemporâneas uma oportunidade de discutir suas novas realidades a partir da troca de experiências e informações.

Finalmente, dá-se a palavra aos pais, professores e adolescentes e a alguns dos questionamentos que nos apresentaram nas inúmeras ocasiões em que estivemos em contato em palestras realizadas nas escolas. Esse espaço interativo parece-me o fecho adequado para um livro que se propõe a estar em consonância com a hierarquização do diálogo na contemporaneidade.

CAPÍTULO 1

O que é a Família, Afinal?

Em Busca de um Conceito Operativo

"Família" não é um conceito unívoco. Pode-se até afirmar, radicalizando, que a família não é uma expressão passível de conceituação, mas tão somente de descrições, ou seja, é possível descrever as várias estruturas ou modalidades assumidas pela família através dos tempos, mas não defini-la ou encontrar algum elemento comum a todas as formas com que se apresenta esse agrupamento humano.

Mesmo se a considerarmos apenas num dado momento evolutivo do processo civilizatório, teremos dificuldades em integrar o proteimorfismo de suas configurações numa pauta conceitual. O que terá em comum, por exemplo, nos dias atuais:

- A família de uma metrópole norte-americana com a de um vilarejo rural da China?
- A família de um kibutz israelense com a de um latifundiário australiano?
- Que similitude encontrar entre a família de um retirante nordestino e a de um lapão da Escandinávia?
- Entre a família de um porto-riquenho que vive num gueto nova-iorquino com a de um bem-sucedido empresário suíço?
- Como equiparar a família de um siciliano mafioso com a de um muçulmano paquistanense?

- A família de um berbere norte-africano com a de um decadente lorde inglês?

São tantas as variáveis ambientais, sociais, econômicas, culturais, políticas ou religiosas que determinam as distintas composições das famílias até hoje que o simples cogitar abarcá-las num enunciado integrador já nos paralisa o ânimo e tolhe o propósito.

Não obstante, como não podemos prescindir de uma definição, ainda que precária e limitada, a qual nos facilite a comunicação e ajude a discriminar o fundamental do perfunctório, vamos à procura de um conceito que possa ser operativo para as finalidades deste ensaio, valendo-nos, para tanto, das contribuições de outros autores que se debruçaram sobre a ingente tarefa de encontrar uma noção de família suficientemente abrangente para servir-nos de parâmetro aqui e agora.

Dizer que a família é a unidade básica da interação social talvez seja a forma mais genérica e sintética de enunciá-la; mas obviamente não basta para situá-la como agrupamento humano no contexto histórico-evolutivo do processo civilizatório.

Escardó observa que a palavra "família" não designa uma instituição padrão, fixa e invariável. Através dos tempos, a família adota formas e mecanismos sumamente diversos e, na atualidade, coexistem no gênero humano tipos de família constituídos sobre princípios morais e psicológicos diferentes e ainda contraditórios e inconciliáveis.

A estrutura familiar varia, portanto, enormemente, conforme a latitude, as distintas épocas históricas e os fatores sociopolíticos, econômicos ou religiosos prevalentes num dado momento da evolução de determinada cultura.

Segundo Pichon-Rivière, "a 'família' proporciona o marco adequado para a definição e a conservação das diferenças humanas, dando forma objetiva aos papéis distintos, mas mutuamente vinculados, do pai, da mãe e dos filhos, que constituem os papéis básicos em todas as culturas".

Para Lévi-Strauss, são três os tipos de relações pessoais que configuram a **família: aliança** (casal), **filiação** (pais e filhos) e **consanguinidade** (irmãos). Isso nos conduz a outro referencial intimamente vinculado à noção de família: o **parentesco**.

O "parentesco" consiste numa relação entre pessoas que se vinculam pelo casamento ou cujas uniões sexuais geram filhos, ou ainda, que possuam ancestrais comuns. Nessa concepção, marido e mulher são parentes, independentemente de gerarem filhos, assim como o são os pais de uma criança, embora não sejam legalmente casados; já dois indivíduos que vivem maritalmente sem que essa relação seja oficializada legalmente ou que dela resultem filhos, não são parentes.

Freud, em *Totem e tabu*, assinala que o "parentesco é algo mais antigo do que a vida familiar e, na maioria das sociedades primitivas que nos são conhecidas, a família continha membros de mais de um parentesco". Como veremos mais adiante, por não ser conhecido o papel do pai na reprodução, o parentesco nos povos primitivos era restrito à linhagem materna.

Não obstante a noção da família repouse sobre a existência do **casal** que lhe dá origem, considera-se que sua essência esteja representada na **relação pais-filhos**, já que a origem e o destino desse agrupamento humano coincidem no objetivo de gerar e criar filhos.

A **condição neotênica** da espécie humana, ou seja, a impossibilidade de sua descendência sobreviver sem cuidados ao longo dos primeiros anos de vida, foi, sem dúvida, responsável pelo surgimento do núcleo familiar como agente de perpetuação da vida humana, o que igualmente ocorre com outras espécies animais, cuja prole também necessite da provisão de alimentos e de proteção por parte de indivíduos adultos, enquanto não pode fazê-la por seus próprios meios.

A família torna-se, assim, tanto no homem como em outras categorias zoológicas, o modelo natural para assegurar a sobrevivência biológica da espécie; a par dessa função básica, propicia simultaneamente a matriz para o desenvolvimento psíquico dos descendentes e a aprendizagem da interação social.

Na realidade, não podemos dissociar a função biológica da função psicossocial da família; se é fato que a finalidade biológica de conservar a espécie está na origem da formação da família, é igualmente pertinente dizer que a família é um grupo especializado na produção de pessoas com vínculos peculiares e se constitui na célula primordial de toda e qualquer cultura.

Com esses elementos introdutórios, já estamos em condições de formular uma definição *ad hoc*, de cunho operativo, para os propósitos deste ensaio:

Família é uma unidade grupal na qual se desenvolvem três tipos de relações pessoais: aliança (casal), filiação (pais/filhos) e consanguinidade (irmãos) que, a partir dos objetivos genéricos de preservar a espécie, nutrir e proteger a descendência e fornecer-lhe condições para a aquisição de suas identidades pessoais, desenvolveu através dos tempos funções diversificadas de transmissão de valores éticos, estéticos, religiosos e culturais.

Consideraremos, ainda, que a família pode se apresentar, a grosso modo, sob três formatos básicos: a **nuclear** (conjugal), a **extensa** (consanguínea) e a **abrangente**.

Por **família nuclear** entenda-se a constituída pelo tripé **pai-mãe-filhos**. Por **família extensa**, a que se compõe também por outros membros que tenham quaisquer laços de parentesco. Por **família abrangente**, a que inclui mesmo os não parentes que coabitem.

Convencionaremos que, doravante, sempre que nos referirmos à família, a menos que se particularize a modalidade de agrupamento familiar considerada, estaremos fazendo menção ao seu formato nuclear, prevalente na moderna civilização ocidental, a qual baliza o cotidiano existencial daqueles a quem se destina este livro.

Papéis Familiares

O que chamamos aqui de **papéis familiares**?

É o que outros autores (Escardó, por exemplo) denominam **funções familiares**, termo que preferimos reservar para designar as atribuições da família como uma entidade, conforme abordaremos no tópico seguinte.

Quais seriam os papéis familiares?

Num casal sem filhos, os papéis familiares seriam tão somente os de marido e mulher. No caso da família nuclear, seriam, além desses, os papéis de mãe, pai, irmãos e filhos. Já na família extensa, teríamos que incluir o papel dos avós, tios e demais parentes ou pessoas que coabitam na mesma casa.

Os papéis familiares nem sempre correspondem aos indivíduos que convencionalmente designamos como seus depositários. Assim, o papel nutrício de uma mãe eventualmente poderá ser desempenhado por uma avó ou mesmo pelo pai; o papel fraterno poderá estar acoplado ao papel do avô, que circunstancialmente desempenha funções de confidente ou companheiro de um neto que é filho único; o papel filial poderá estar depositado num dos cônjuges, cuja maturidade emocional o torne carente de proteção e cuidados habitualmente requeridos por uma criança, e assim por diante.

Os papéis também são referidos a determinadas pautas culturais: as atribuições do tio materno (papel avuncular) em certas tribos da Polinésia – herança cultural do desconhecimento primevo do papel do pai no mecanismo reprodutor – são similares às do pai na moderna cultura ocidental. Em suma, há que se discriminar, para os propósitos deste texto, o que seja, por exemplo, a designação **mãe**, para identificar a mulher que concebeu e pariu um filho, e o **papel materno**, no contexto familiar, configurado por uma função continente, nutrícia e protetora exercida pela mãe reprodutora. O mesmo sucede com os demais papéis familiares que, embora identificados por termos sem qualquer ambiguidade semântica, não obstante demandam a revisão em sua acepção funcional, sobretudo face às mutações na disposição dos aludidos papéis na estrutura das famílias de nossos tempos.

A seguir, brevemente resenharemos quais elementos definem os papéis familiares, recordando que nem sempre haverá correspondência entre o personagem designado e o papel que supostamente lhe cabe representar na novela familiar.

O Papel Conjugal

Na família contemporânea, tenha o casal ou não filhos, cada vez mais se confundem os papéis do homem e da mulher na vida conjugal. Atribuir à mulher o papel de cuidar do lar e ao homem o de sair à rua para prover o sustento da família não só é um modelo arcaico, que remonta às origens do processo civilizatório, como soa hoje em dia um estereótipo tangenciando o ridículo.

Macho e fêmea da espécie humana ritualizam a vida em comum – faça-se dela um contrato cível, religioso ou um mero acordo entre as partes – em torno de prazeres e obrigações compartidas, em que desejos e necessidades, assim como direitos e deveres, já não se vinculam à identidade sexual, e sim, à condição humana e às suas circunstâncias. Entre tais circunstâncias há que se mencionar, por exemplo, a revolução de costumes que conduziu à tendência universal em aceitar-se como expressão da vida conjugal a união de homossexuais. Consequentemente, ser homem ou mulher não define mais por si só a prontidão para o exercício de papéis conjugais. O papel conjugal pressupõe a interdependência dos participantes do casal e radica-se no postulado de que a essência dos indivíduos que o constituem é atributo do mencionado compartilhamento de tarefas no mútuo preenchimento dos desejos e necessidades de cada um. Cooperação, competição, simbiose, complementaridade e reciprocidade são alguns termos que identificam o papel conjugal. O papel conjugal não abarca, portanto, as atribuições decorrentes da função reprodutora, as quais pertencem à esfera do papel parental.

O Papel Parental

O papel parental costuma ser abordado discriminando-se o papel **paterno** do papel **materno**. No entanto, conforme o que observamos ao discutir os papéis conjugais, na contemporaneidade, cada vez mais as atribuições de um e de outro papel confundem-se na práxis. Em relação à questão reprodutiva, o advento dos bebês de proveta põe em xeque o que parecia uma definitiva e inquestionável lei natural na determinação dos mecanismos de reprodução da espécie, sinalizando que, num futuro próximo, o homem e a mulher limitar-se-ão ao fornecimento de seus gametas para a função reprodutiva e, quiçá, mais remotamente, nem isso lhes será requerido. Pode-se daí inferir que enormes transformações ocorrerão na relação entre os sexos e, sobretudo, no exercício da maternidade e da paternidade. Isso, sem dúvida, é algo sem precedentes na história da humanidade, indo muito além do que a nossa vã imaginação pode supor.

Ao **papel materno**, em consonância com a representação simbólica do corpo feminino, caberiam, além das tarefas nutrícias, de agasalho e proteção da prole, uma função continente ou de receptáculo das angústias existenciais de quem esteja correspondentemente no papel filial. Em contrapartida, ao **papel paterno**, pelos mesmos condicionantes simbólicos da anatomofisiologia sexual, tocaria interpor-se entre mãe e filho para facilitar o processo de dessimbiotização, e o encaminhamento da aquisição da identidade deste último ao longo do seu desenvolvimento psicológico. O papel do pai – enfatizado por Lacan na teoria psicanalítica – seria o de introduzir a interdição ou a lei que regulamenta as relações humanas e submete o prazer ao princípio da realidade. Em outras palavras, o pai representa a cunha interposta entre mãe e filho para sinalizá-lo sobre a necessidade de renunciar a posse da mãe e dar curso ao seu processo de individuação.

O Papel Fraterno

O papel fraterno oscila entre dois comportamentos antagônicos: a **rivalidade** e a **solidariedade**.

Por vezes, o papel fraterno está deslocado para a relação entre marido e mulher ou entre filho e um dos progenitores.

O papel fraterno reproduz-se fora do contexto familiar na relação entre sócios, colegas e amigos, assim como os papéis parental e filial terão sua representação social em relações, tais como, a dos chefes e subordinados, professores e alunos, médicos e pacientes, entre outras tantas mais.

O Papel Filial

O papel filial está centrado na **dependência**, cujas raízes remontam à prematuridade peculiar da situação do recém-nascido humano, o qual depende dos cuidados parentais para sobreviver.

No entanto, a situação paradigmática da dependência filial poderá comparecer deslocada em outros componentes do grupo familiar que não os filhos propriamente ditos, como decorrência de vicissitudes evolutivas ou em circunstâncias de sobrecarga emocional, tais como as decorrentes de ameaças à integridade física, perdas afetivas, fracassos profissionais, crises econômicas, etc.

Gostaria de encerrar este tópico ressaltando, para uma melhor compreensão da dinâmica dos papéis no contexto familiar, que um mesmo membro da família pode assumir, simultaneamente ou em tempos alternados, papéis diferentes. Os papéis, portanto, não são de competência exclusiva dos indivíduos a que nominalmente os atribuímos, conforme já foi salientado.

Funções da Família

Esquematicamente, poderíamos dividir as funções da família em **biológicas**, **psicológicas** e **sociais**. No entanto, tais funções dificilmente podem ser estudadas separadamente, já que estão intimamente relacionadas e confundem-se umas com as outras, quer nas origens, como no destino das estruturas familiares ao longo do processo civilizatório.

Não obstante, há certas peculiaridades dessas funções que merecem ser destacadas para caracterizar com maior clareza e precisão o *locus da* família como matriz responsável pela manutenção da espécie, e como agente processador das mudanças inerentes à evolução humana, quer no âmbito individual quer no coletivo.

Do ponto de vista biológico, não é a função reprodutiva – como a uma primeira e apressada vista poder-se-ia pensar – a tarefa primordial da família. Para gerar um novo ser, basta o intercurso sexual entre macho e fêmea, o que pode ocorrer – como frequentemente ocorre – fora do contexto familiar. Por outro lado, com os recentes progressos tecnológicos na área da reprodução humana, bem como pela iminente viabilização da clonagem de seres humanos por meio da engenharia genética, corre-se o risco de tornar ultrapassado qualquer raciocínio alicerçado no pressuposto *da* relação sexual como condição para a reprodução da espécie. Portanto, não é aí que reside a função biológica da família, e sim no assegurar-se a sobrevivência dos novos seres por meio dos cuidados requeridos pela já assinalada condição neotênica da espécie humana. Quiçá, num futuro não muito remoto, até essa situação larvária dos seres humanos em seus primeiros meses de vida extrauterina possa ser alterada pelos incríveis avanços da Ciência, porém provavelmente ainda, por um considerável período de tempo, assegurar a sobrevivência dos recém-nascidos será uma insubstituível função biológica da família (e aqui a estamos considerando *lato sensu,* isto é, no sentido de quem provê nutrição e condições ambientais adequadas aos neonatos, ainda que não sejam seus pais biológicos).

Em resumo, a função biológica da família é a de garantir não a **reprodução**, e sim a **sobrevivência** da espécie por meio dos cuidados ministrados aos recém-nascidos.

E as funções **psicossociais**, quais seriam?

Sabe-se que o alimento afetivo é tão indispensável para a sobrevivência do ser humano quanto é o oxigênio que ele respira ou a água e os nutrientes orgânicos que ingere. Sem o afeto ministrado pelos pais ou por seus sub-rogados, o ser humano não desabrocha, permanecendo fechado em uma espécie de concha psíquica, caracterizando um estado de enquistamento emocional denominado **autismo**.

A importância dessa nutrição afetiva foi objeto dos estudos pioneiros de Spitz que, a partir de 1935, em Viena, observou e registrou em filmes as reações dos recém-nascidos a situações de privação afetiva.

Poder-se-ia assim dizer que uma primeira e fundamental função psíquica da família é prover o alimento afetivo indispensável à sobrevivência emocional dos recém-nascidos. Contudo, esse alimento é igualmente indispensável para a manutenção da homeostase psíquica dos demais componentes da família e não apenas dos bebês, razão pela qual seus membros deverão dele se prover reciprocamente por meio de mecanismos de interação afetiva, dos quais nos ocuparemos logo adiante.

Outra conspícua função psíquica da família é servir de continente para as ansiedades existenciais dos seres humanos durante seu processo evolutivo. A superação das chamadas "crises vitais" ao longo do périplo existencial de cada indivíduo é indubitavelmente favorecida por um adequado suporte familiar à desestabilização que tais crises acarretam.

Promover a transmissão à descendência da experiência acumulada pelas vivências individuais e coletivas é tarefa que – sem deixar de ser uma função psicológica, porque transita pelos mecanismos de identificação que configuram a identidade pessoal – já se confunde com o âmbito pedagógico e é inserido no contexto da socialização e suas raízes ideológicas.

Também, tangenciando a esfera pedagógica, está outra das funções psicológicas da família, qual seja, a de proporcionar o ambiente adequado para a aprendizagem empírica que baliza o processo cognitivo do ser humano, bem como facilitar o intercâmbio de informações com o universo circunjacente.

Entre as funções sociais da família, por sua relevância ao longo do processo civilizatório, está a transmissão das pautas culturais dos agrupamentos étnicos. Outra das importantes funções sociais da família, e que a ela é delegada pela sociedade, é a preparação para o exercício da cidadania.

Essas considerações que estou a fazer sobre as funções da família ainda situam-se sob a égide do **enfoque linear** que, por tanto tempo, influenciou o pensamento científico e se vincula à ideia de que a determinada **causa** corresponde certo **efeito**. Assim, as funções da família estariam sendo esboçadas, segundo o pressuposto de que do ambiente familiar depende certo tipo de evolução do indivíduo e que aos pais (ou seus substitutos) cabe preencher os requisitos necessários ao bom desempenho físico e emocional de seus filhos. Segundo essa ótica, a dinâmica familiar repousa em quem exerce os papéis parentais, os quais seriam os responsáveis pela formatação biopsicossocial da descendência de acordo com um modelo que, por sua vez, provém das gerações anteriores e só seria modificado a partir das alterações nele introduzidas por obra das idiossincrasias dos executores da ação parental.

O **enfoque circular**, sob o qual recentemente a Ciência passou a considerar os fenômenos, quer da área física quer da psicossocial, aponta-nos a necessidade de levar em conta o mecanismo de *feedback* ou realimentação, cujos efeitos não são mera consequência passiva de supostas causas, mas, eles próprios, constituindo-se como agentes de mudança que alteram o comportamento dos fatores etiológicos que os determinaram.

Assim, se os pais influenciam e, em certa medida, determinam o comportamento dos filhos, a conduta destes igualmente modifica e condiciona a atitude dos pais. Desse modo, as funções na família não são compartimentos estanques ou de atribuição exclusiva dos papéis familiares aos quais costumamos imputar seu exercício. Há, por exemplo, uma reciprocidade provedora entre pais e filhos de tal sorte que aos cuidados ministrados aos filhos em seus primeiros anos de vida (para assegurar-lhes a sobrevivência) correspondem os cuidados ministrados pelos filhos aos pais em sua velhice (para prolongar-lhes a vida mesmo após terem cumprido as funções reprodutoras e provedoras que lhes coube na manutenção da espécie).

Há quem possa objetar que essa é uma peculiaridade de certos segmentos culturais contemporâneos, visto que, em tempos idos, os velhos eram habitualmente entregues à sua própria sorte, e mesmo nos dias que correm, em determinados grupos étnicos, os filhos precipitam o término do ciclo vital de seus pais anciãos com a morte induzida. Contudo, isso não invalida a noção de que os papéis familiares possam ser intercambiáveis. O exercício das funções familiares não é uma via de mão única, e sim, um constante processo de trocas, de mutualidades e de interações afetivas. Aliás, é nesse caráter interativo que reside a matriz psicodinâmica, a qual configura a natureza intrínseca da entidade familiar.

Ciclo Vital da Família

Assim como os indivíduos que a compõem, a família insere-se num contexto evolutivo e tem o seu ciclo vital. Em outras palavras, a família também nasce, cresce, amadurece, habitualmente se reproduz em novas famílias, encerrando seu ciclo vital com a morte dos membros que a originaram e com a dispersão dos descendentes para constituição de novos núcleos familiares.

Então, pode-se dizer que a família é um grupo fadado a dissolver-se tão logo cumpra suas funções de promover o desenvolvimento biopsicossocial do indivíduo e a perpetuação da espécie.

À família cabe permitir o crescimento individual e facilitar os processos de individuação e diferenciação em seu seio, ensejando, com isso, a adequação de seus membros às exigências da realidade vivencial e o preenchimento das condições mínimas requeridas para um satisfatório convívio social. Esse seria o objetivo precípuo do núcleo familiar como célula *mater* da sociedade.

O ciclo vital de uma família, no seio da qual foram gerados filhos, pode ser resumido nos seguintes estágios ou momentos críticos:

1. Formação de um casal para a construção de uma nova família.
2. Nascimento dos filhos.
3. Adolescência dos filhos.
4. Saída dos filhos da casa paterna.
5. Morte dos avós.
6. Envelhecimento, doença e morte dos pais.

Há quem descreva o ciclo vital da família subdividindo-o nas seguintes fases: **de expansão** (que coincide com a formação do casal, geração e criação de filhos), **de dispersão ou cisão** (que coincide com a saída dos filhos de casa) e **de substituição** (pela formação de novos núcleos familiares).

O ciclo vital da família é algo dinâmico, algo que não pode estar rigidamente contido num esquema descritivo como os já referidos.

Os divórcios, que longe de serem uma exceção constituem-se numa ocorrência frequente hoje em dia, face às inúmeras variáveis que introduzem na estrutura familiar, bem como as alterações significativas promovidas no ciclo vital da família, obrigam-nos a repensá-lo em novos contextos.

Ilustrando o que foi afirmado, a aludida fase de dispersão, na eventualidade de um divórcio, ocorre pela saída de casa de um dos cônjuges e não dos filhos. Seria, ainda, pertinente afirmar que, nessas circunstâncias, a família original interrompe seu ciclo vital e que cada um dos cônjuges – só ou em nova relação conjugal, com ou sem filhos em sua companhia – irá constituir novos núcleos familiares.

Assim, e para concluir, a noção de que a família possui um ciclo vital serve-nos tão somente para ressaltar o caráter processual de suas manifestações, bem como a transitoriedade de suas funções, ainda que sirva, igualmente, para salientar a perenidade da família na transmissão, de geração para geração, de um padrão matricial de interações sociais indispensável para a manutenção do processo civilizatório.

Referências

ESCARDÓ, E. *Anatomia de la familia.* Buenos Aires: Ateneo, 1955.

FREUD, S. *Tótem e tabu.* S.E.B. Rio de Janeiro: Imago, 1974. V. XIII.

LÉVI-STRAUSS, C. L'. *Antropologie structurale.* Paris: Plon, 1958.

MEYER FORTES. O ciclo do desenvolvimento do grupo doméstico. ln: *Textos de Aula – Antropologia* 6. Brasília: Ed. UNB.

PICHON-RIVIÈRE, E. *El processo grupal.* Buenos Aires: Nueva Vision, 1981.

CAPÍTULO 2

Origens da Família: a Família como Grupo Primordial

A "família" é uma instituição, cujas origens remontam aos ancestrais da espécie humana e confunde-se com a própria trajetória filogenética.

A organização familiar não é exclusiva do homem, pois vamos encontrá-la em outras espécies animais, quer entre os vertebrados quer mesmo, sob formas rudimentares, entre os invertebrados.

Assim, do mesmo modo que na espécie humana, é possível encontrar distintas formas de organização familiar entre os animais. Há famílias em que, após o acasalamento, a prole fica aos cuidados de um só dos genitores, geralmente da fêmea, mas também o macho pode se encarregar dos cuidados com os descendentes, como acontece em certas espécies de peixes. Algumas espécies entre as aves vivem em família durante a época da reprodução e em bandos durante as demais épocas do ano. Os pais podem permanecer junto aos filhotes pela vida toda, mas estes geralmente deixam os pais antes que nasçam outras ninhadas. Entre os animais, há também famílias ampliadas (ou extensas), cujos jovens ajudam na criação dos irmãos. As abelhas operárias, filhas estéreis das abelhas rainhas, constituem entre si uma fratria ou comunidade de irmãs com funções de mútuos cuidados, proteção e alimentação.

Essa breve referência aos comportamentos familiares de certos animais tem o propósito de enfatizar o caráter universal dos agrupamentos familiares e chamar a atenção para a sua onipresença, não só ao longo da evolução da espécie humana, mas também na de outros seres do reino animal.

Curiosamente, a origem etimológica da palavra "família" nos remete ao vocábulo latino *famulus*, que significa **servo** ou **escravo**, sugerindo que, primitivamente, considerava-se a família como sendo o conjunto de escravos ou criados de uma mesma pessoa. Parece-me, contudo, que essa raiz etimológica alude à natureza possessiva das relações familiares entre os povos primitivos, em que a mulher deveria obedecer ao seu marido como se fosse seu amo e senhor, e os filhos pertenciam aos seus pais, a quem deviam suas vidas e, consequentemente, estes últimos se julgavam com direito absoluto sobre os primeiros. A noção de posse e a questão do poder estão, portanto, intrinsecamente vinculadas à origem e à evolução do grupo familiar, conforme veremos mais adiante ao tratarmos dos mitos familiares.

Há várias teorias sobre a origem da família. Umas se fundamentam nas funções biológicas da família, outras em suas funções psicossociais. As mais diversas hipóteses foram formuladas, tendo como ponto de partida questões atinentes à parentalidade, ou seja, aos papéis paterno e materno como estruturadores do grupo familiar.

O vértice evolutivo – o qual considera que a família (tal qual os seres que a compõem) necessita passar por etapas sucessivas no curso de seu desenvolvimento – tem sido a pedra de toque na fundamentação das diversas teorias que tentam explicar a origem e a estruturação do grupo familiar como o encontramos ao longo do processo civilizatório e nas distintas culturas.

As famílias originalmente organizavam-se sob a forma **matriarcal** – ao que parece pelo desconhecimento do papel do pai na reprodução –, mas essa explicação, contudo, não é consensual entre os antropólogos. No entanto, é o que nos parece ocorrer em certas sociedades ditas **matrilineares**, ainda encontradas em nossos dias, tais como os melanésios estudados por Malinovski, entre as quais a autoridade paterna recai sobre a figura do tio materno (avúnculo), o qual, entre outras atribuições, tem a de **conceder a mão** das sobrinhas aos eventuais pretendentes para com elas se casarem. Essa **transferência** dos direitos e deveres habitualmente atribuídos ao pai para o tio materno, ao que tudo indica, provém do referido desconhecimento do papel do homem na reprodução em tempos idos. Esses hábitos milenares dos melanésios com relação ao papel avuncular teriam subsistido mesmo após a revelação da função reprodutora paterna.

Segundo outras fontes, o matriarcado seria uma decorrência natural da vida nômade dos povos primitivos, pois, enquanto os homens

– desconhecendo ainda as técnicas próprias ao cultivo da terra – tinham que sair à procura de alimento, as mulheres ficavam nos acampamentos com os filhos, que cresciam praticamente sob a influência exclusiva das mães, a quem cabia, ainda, fornecer um mínimo de estabilidade social a esses núcleos familiares incipientes.

Como decorrência dessa preponderância da figura materna em certas sociedades matriarcais, as mulheres tinham o direito à propriedade e a certas prerrogativas políticas, tal como entre os iroqueses canadenses estudados por Morgan no século XIX. Entre eles, as mulheres possuíam as terras cultiváveis e as habitações, podendo vetar a eleição de um chefe, embora não podendo ocupar um cargo no conselho supremo.

Para os evolucionistas, o desenvolvimento da agricultura e o consequente advento do sedentarismo foram os responsáveis pela instalação progressiva do **patriarcado**.

Entre o final do século XIX e o início do XX, houve um verdadeiro *boom* de estudos antropológicos sobre populações primitivas, sustentando a emergência de múltiplas teses sobre o comportamento dos grupos familiares. No entanto, é algo temerário tirar conclusões sobre a origem da família a partir da observação das tribos primitivas, pois a noção de evolução cultural linear não é mais aceita entre os antropólogos. Isso quer dizer que os povos ditos primitivos, que nos são contemporâneos, não necessariamente estão reproduzindo formas de agrupamento familiar encontradas no passado remoto. Ainda assim, a constatação de que certos padrões são reiteradamente encontrados em tempos e lugares diversos permite que muitas das afirmações feitas com base nesses estudos sejam tomadas como válidas.

Ao discutir sobre a origem da família, uma pergunta inicial insistentemente nos ocorre: se a instituição familiar é universal.

Em 1949, o antropólogo norte-americano G.P. Murdock publicou seu estudo transcultural sobre parentesco, confirmando a hipótese da universalidade da família. Para Murdock, não apenas a família em geral, mas a família nuclear, em particular, é universal, concluindo que nenhuma cultura ou sociedade pode encontrar um substituto adequado para a família nuclear.

Segundo esse autor, a família nuclear apresenta quatro funções elementares: a **sexual**, a **reprodutiva**, a **econômica** e a **educativa**. Essas funções seriam pré-requisitos para a sobrevivência de qualquer sociedade. É baseando-se nesse fato que Murdock afirma ser a família nuclear universal.

Há quem possa objetar, com a observação de que temos em nossos tempos, estruturas sociais que não incluem a família, como os kibbutzim de Israel. No entanto, como observa Spiro, essa sociedade essencialmente voltada para a criança, embora do ponto de vista estrutural pareça constituir-se numa exceção à ideia da universalidade da família, serve para confirmá-la do ponto de vista funcional e psicológico. No kibutz, a comunidade inteira passa a ser uma grande família extensa. Somente numa sociedade familiar como o kibutz, afirma Spiro, seria possível não haver a família nuclear desempenhando suas funções indispensáveis.

A questão da origem da família conduz-nos naturalmente à discussão das questões relativas ao **parentesco**, às **relações entre o tabu do incesto**, à **exogamia** e a **instituição do casamento**.

L.H. Morgan, advogado norte-americano, que na segunda metade do século XIX interessou-se vivamente pela observação da vida dos aborígenes que viviam na fronteira dos Estados Unidos e do Canadá, tornou-se o fundador da moderna antropologia com seus estudos pioneiros sobre as relações de parentesco. Embora seu enfoque evolucionista possa ser contestado pelos avanços ulteriores da investigação antropológica, sua tipologia familiar permanece como ponto de referência para o estudo das estruturas familiares e das teorias sociológicas sobre a família.

Segundo Morgan, originariamente, havia uma promiscuidade absoluta, sem qualquer interdição para o intercurso sexual entre os seres humanos. Esse teria sido o período da **família consanguínea**, estruturada a partir dos acasalamentos dentro de um mesmo grupo.

Em seguida, pelo surgimento da interdição do relacionamento sexual entre pais e filhos e, posteriormente, entre irmãos por meio do **tabu do incesto**, surgiu a **família punaluana**, em que os membros de um grupo casam com os de outro grupo, mas não entre si. Assim, os homens de um determinado grupo são considerados aptos a casar somente com as mulheres de outro determinado grupo, e esses dois grupos inteiros casam-se entre si. Essa estrutura familiar é também conhecida como **família por grupo**.

Na **família sindesmática** ou **de casal**, o casamento ocorre entre casais que se constituem respeitando o tabu do incesto, mas sem condicionar sua ligação à obrigatoriedade do casamento intergrupos. Essas famílias, encontradas entre os primitivos povos nômades, caracterizam-se pela coabitação de vários casais sob a autoridade **matriarcal**, responsável pela coesão comunal por meio da economia doméstica compartida.

A repartição de tarefas advindas do desenvolvimento da agricultura teria dado origem à **família patriarcal**, fundada sobre a autoridade absoluta do patriarca ou **chefe de família**, que, geralmente, vivia num regime poligâmico, com as mulheres habitualmente isoladas ou confinadas em determinados locais (gineceus, haréns).

Finalmente, temos a **família monogâmica**, paradigmática da civilização do ocidente, cujas origens vinculam-se ao desenvolvimento da ideia de propriedade ao longo do processo civilizatório. A fidelidade conjugal como condição para o reconhecimento de filhos legítimos e a transmissão hereditária da propriedade, bem como o estabelecimento da coabitação exclusiva demarcando o território da parentalidade, são os elementos emblemáticos dessa que, ainda hoje, é o tipo de família prevalente no mundo ocidental.

Engels, o colaborador de Marx na elaboração das bases programáticas do movimento comunista, apoiando-se nas ideias de Morgan, sustentou sua tese de que a família monogâmica teria sido a primeira família fundada não mais sobre condições naturais, e sim sociais, já que, para ele, a monogamia não seria uma decorrência do amor sexual, mas do triunfo da propriedade individual sobre o primitivo comunismo espontâneo. A monogamia é visualizada sob a ótica do materialismo histórico não como uma forma mais evoluída de estrutura familiar, mas como a sujeição de um sexo ao outro a serviço do poder econômico. Como a inclinação natural do homem seria a liberdade de intercâmbio sexual, a monogamia teria sido responsável pelo incremento da prostituição e pela falência desse sistema familiar nos dias atuais.

Sobre as **relações de parentesco**, podemos considerá-las sob duas apresentações: **a consanguinidade em linha direta**, que ocorre entre pessoas que sejam uma descendente direta da outra, e a **consanguinidade em linha colateral**, que se dá entre pessoas que descendem de antepassados comuns, mas não descendem uma da outra. Enquanto essas relações de parentesco seriam as determinadas pela **natureza**, aquelas baseadas no casamento seriam as estabelecidas pelas **convenções sociais**. Marido e mulher são parentes em função do contrato social que os uniu.

As relações de parentesco tidas como primárias ou fundantes das estruturas familiares seriam as seguintes: marido e mulher, pais e filhos, e irmãos.

Lévi-Strauss, antropólogo contemporâneo formado na escola sociológica francesa, aplicou a perspectiva estruturalista à antropologia, descrevendo o que chama **as estruturas elementares do parentesco**. Partindo da noção de que a estrutura é um sistema de leis que rege as transformações possíveis num dado conjunto, Lévi-Strauss procurou estabelecer as relações constantes na estrutura familiar, as quais determinam não só sua aparência fenomênica em determinado instante histórico, mas também suas possíveis modificações ao longo dos tempos.

Tomando como ponto de partida a teoria da **troca ritual do dom**, de Mauss (um de seus mestres na escola sociológica francesa já mencionada), e bebendo nas fontes da psicanálise e da linguística, ramos do conhecimento apenas emergentes na época de seus primeiros estudos, LéviStrauss procurou determinar que elementos subjaziam aos padrões relacionais que configuram a família desde suas fundações mais arcaicas.

Cada elemento doado implica na obrigação de sua restituição pelo receptor, diz-nos a aludida teoria de Mauss. Assim, na família estruturalmente mais simples (e supostamente anterior ao conhecimento do papel do pai na reprodução), ao tio materno (*avunculus*) caberia a função de **doar** mulheres à geração seguinte. Ao atribuir tal função ao tio materno estava simultaneamente criando a interdição do incesto, pois a sobrinha só poderia ser doada pelo tio a quem não pertencesse ao círculo endogâmico (pai, irmãos).

A proibição do incesto, então instalada, é a regra da reciprocidade por excelência, pois a troca recíproca de mulheres assegura a circulação contínua das esposas e filhas que o grupo possui. Com o tabu do incesto, a família marca a passagem do fato natural da consanguinidade ao fato cultural da afinidade, e a relação avuncular é, por assim dizer, o elemento axial a partir do qual se desenvolverá toda a estrutura social do parentesco.

O **tabu do incesto** e a **exogamia**, que lhe é consequente, segundo Lévi-Strauss, estariam nas raízes da sociedade humana. A exogamia, ou seja, o casamento fora do grupo familiar primordial funda-se na **troca,** que é a base de todas as modalidades da instituição matrimonial. O laço de afinidade com uma família diferente assegura o domínio do social sobre o biológico, do cultural sobre o natural. Por isso, a afirmação de

Lévi-Strauss de que, com o tabu do incesto, a família marca a passagem da Natureza à Cultura.

A exogamia, como a linguagem, teria a mesma função fundamental: a comunicação com os outros. E dessa comunicação emerge a possibilidade de que surja um novo nível de integração no relacionamento humano. A partir desse propósito é que a exogamia dá origem à **instituição matrimonial**.

A instituição matrimonial nasceu vinculada aos ritos de iniciação que marcavam a passagem da infância para a idade adulta. Nos povos primitivos, tais ritos geralmente culminavam com a cerimônia do casamento.

Os costumes ligados à instituição matrimonial variaram muito através dos tempos, mas, desde o advento da noção de propriedade, estiveram de uma forma ou de outra relacionados com a ideia de uma **transação** ou **troca**. Talvez a forma mais elementar dessa permuta tenha sido a de uma mulher por outra. O homem que quisesse se casar ofereceria sua irmã, sobrinha ou serva em troca de uma noiva, de tal sorte que o pai desta teria compensada a perda da filha pela aquisição de outra mulher que pudesse substituí-la nos afazeres domésticos. Posteriormente, essa troca física foi substituída por um equivalente em bens ou dinheiro: o **dote**.

A compra de uma noiva foi, portanto, a forma mais primitiva de contrato matrimonial. Essa modalidade de matrimônio, na qual a mulher é tratada como mercadoria, prevaleceu, sobretudo, nas famílias de organização patriarcal referidas anteriormente. Um remanescente cultural desse consórcio em que a mulher é tida como propriedade do marido está no costume ocidental de a mulher trocar o nome do pai pelo do marido (ou apor ao do pai o deste) por ocasião do contrato matrimonial. Nos países de língua espanhola essa condição é explicitada pela partícula **de** entre o nome próprio da mulher (seguido ou não do sobrenome de solteira) e o sobrenome do marido, como a indicar a quem pertence doravante a nubente.

O **dote** é outro subproduto dessa concepção do casamento como uma transação comercial: sua instituição obedece ao propósito original de ressarcir o noivo (ou a família deste) pelos custos posteriores com a manutenção da esposa. E ainda hoje, a aspiração, largamente difundida entre os pais, de um **bom partido** para seus filhos ou filhas assinala a persistência desse referencial econômico para balizar a instituição do matrimônio.

À medida que o casamento se subordinou a interesses ligados à propriedade de bens materiais ou patrimoniais, sua instituição foi saindo da esfera místico-religiosa para a do direito civil. A partir da Idade Média, e por muitos séculos, houve no mundo ocidental uma acirrada disputa entre o Estado e a Igreja para determinar a quem caberia a prerrogativa de estabelecer o contrato nupcial. Somente a partir do advento da Era Contemporânea é que o poder laico e o poder religioso passaram a exercer sem maiores conflitos suas respectivas esferas de influência nas questões atinentes à instituição do matrimônio.

O casamento sempre foi um terreno propício ao exercício do poder. Mesmo onde não haja interesses econômicos em pauta (como na classe proletária), ou onde não sejam os sentimentos religiosos e tão apenas a força da tradição e da cultura que presidam os ritos matrimoniais, o poder parental se faz presente, manifesta ou sub-repticiamente, na determinação da escolha dos cônjuges. E até quando objetivamente o casamento funda-se no amor e mútuo consentimento, sem a explícita ou implícita interferência dos pais, pode-se supor que tal poder esteja atuante nas identificações e motivações inconscientes que subjazem à eleição dos cônjuges.

É a família o grupo primordial?

Eis aí uma questão transcendental e de resposta não tão fácil como seria de se supor.

Embora o senso comum e um raciocínio rudimentar nos levem a concluir que homem, mulher e filhos devam ter se constituído como o mais elementar agrupamento humano, não há qualquer indício arqueológico ou inferência antropológica que nos assegure ter essa composição de seres humanos configurado o que se entende por família, com os papéis e funções que lhe são pertinentes na concepção que foi adquirindo ao longo do processo civilizatório.

A simples coexistência primeva dessas três figuras representacionais da unidade familiar básica não constitui argumento suficiente para que os visualize comportando-se num contexto familiar. Talvez, a verdadeira passagem da Natureza para a Cultura tenha ocorrido quando esses três personagens da nossa proto-história revelaram sua necessidade de interação social e deram origem aos afetos cimentadores das relações familiares.

Se a família é o ponto de tangência ou intersecção entre a Natureza e a Cultura, conforme postulam os antropólogos, não podemos deixar de considerá-la, para poder melhor entendê-la, à luz da evolução dos modelos culturais.

Margaret Mead considera três tipos ou modelos culturais, segundo os quais o homem relaciona-se com seus antepassados ou descendentes.

O primeiro deles corresponde às denominadas **culturas pós-figurativas**, que extraem sua autoridade do passado, baseando-a num consenso acrítico e na lealdade inequívoca de cada geração que a precedeu. Nessas culturas, as crianças e os jovens aprendem primordialmente com os adultos, e o futuro é visualizado como um prolongamento do passado, ou seja, o passado dos adultos é o futuro de cada geração. Nessas culturas há uma falta de **consciência de mudança** e o mito prevalente é o do **ancião** como fonte do saber e dos valores a serem preservados e transmitidos às gerações futuras. Esse é o modelo cultural vigente até o advento da era contemporânea e ainda hoje encontrado em agrupamentos humanos primitivos ou isolados e, portanto, à margem da onda civilizatória desencadeada pela revolução industrial.

O segundo desses modelos é chamado pela autora citada de **culturas co-figurativas**, em que há uma reciprocidade de influências entre jovens e adultos. Pelo surgimento de novas formas de tecnologia para as quais os mais idosos carecem de informação, as camadas mais jovens da população passam a deter uma significativa parcela do poder de influência proporcionado pelo conhecimento. Nessas culturas, o presente é o que conta e o mito prevalecente é o do **adulto produtivo**. Esse é o modelo predominante no mundo atual e que, partindo do ocidente, tende a globalizar-se na medida em que as civilizações orientais são por ele cooptadas.

Finalmente, temos o modelo das **culturas pré-figurativas**, em que o futuro não é mais um simples prolongamento do passado, mas tem sua própria (e desconhecida) identidade, prevalecendo as expectativas futuras sobre as realizações passadas. Nessas culturas, há uma exacerbação dos conteúdos revolucionários e das tendências iconoclastas, podendo encontrá-las não apenas em nações que estão sofrendo mudanças radicais em sua estrutura sociopolítica, mas também sob a forma de **bolsões** culturais, quer do ocidente quer do oriente. Nessas culturas, o mito dominante é do **poder jovem**.

É no contexto das culturas pré-figurativas que a civilização do terceiro milênio se constitui, que a família do futuro se insere e adquire seus contornos: uma família em que os jovens chamam para si o papel de mediadores entre seus membros mais idosos e a sociedade em processo de transmutação tecnológica.

Recolocando a questão sobre ser a família o grupo primordial e arregimentando argumentos para confirmar tal assertiva, encontramos nas sagas mitológicas outro importante subsídio para sustentar tal afirmação.

Na gênese dos mitos primitivos há sempre referência a situações que tomam o contexto familiar como matéria-prima para sua elaboração temática e os personagens que neles se movem o fazem incorporando papéis familiares e desempenhando sua representação simbólica a partir deles.

Tomemos, por exemplo, a vertente mitológica greco-romana e acompanhemos por instantes sua versão da criação do universo e dos seres que o habitaram em seus primórdios.

No princípio era o Caos, de onde se originaram Érebo e sua irmã e esposa Noite (tal qual Adão e Eva na antropogênese bíblica).

Érebo e a Noite procriam e dão origem a Éter e ao Dia que, por sua vez, são o pai e a mãe do céu (Urano) e da terra (Gaia).

Urano gera, entre outros, três filhos: Titã, Saturno e Oceano. Esses se revoltam contra o pai, mutilam-no e o impossibilitam de ter outros filhos. Saturno, segundo filho de Urano e Gaia, obteve de seu irmão, o primogênito Titã, a permissão de reinar em seu lugar desde que sacrificasse todos os seus descendentes masculinos a fim de assegurar que a sucessão ao trono fosse reservada aos seus próprios filhos. Saturno desposou Réia, com quem teve muitos filhos e a todos devorou logo que nasceram, cumprindo o acordo feito com seu irmão (cumpre-se assim o ritual cíclico do parricídio/infanticídio que mais tarde será o tema central do mito de Édipo). Uma nova aliança configura-se no universo mítico: a da mãe com o filho contra o pai. Réia consegue, por meio de um ardil, substituir o filho por uma pedra, que então foi engolida por Saturno, salvando, assim, seu filho Júpiter de ser devorado pelo pai. Com idêntico estratagema, ela salva outros dois filhos, Netuno e Plutão. Júpiter declara guerra a Saturno e vence-o, humilhando-o, tal qual este fizera com seu pai, Urano. Mais tarde, aconselhado por Tétis, a prudência, com quem casara ainda adolescente, Júpiter dá uma beberagem a Saturno e este vomita, além das pedras engolidas, os filhos anteriormente devorados. Temeroso de sofrer o mesmo destino nas mãos dos filhos que resultassem dessa união, Júpiter renuncia a seu amor por Tétis. Ele se casa, então, com Juno, sua irmã gêmea, com quem mantém um relacionamento que preludia todos os conflitos das relações conjugais entre os mortais: Juno o apoquenta com seus ciúmes e contesta sua autoridade doméstica, enquanto Júpiter age como marido rabugento, por vezes violento, maltratando Juno.

Creio que fácil será aos leitores identificar nesse fragmento da mitologia greco-romana a presença do contexto familiar como pano de fundo para as ações míticas.

Se é o conflito entre pai e filho ou entre marido e mulher que se torna manifesto nessas concepções mitológicas da origem dos seres, na versão bíblica é a rivalidade entre os irmãos Caim e Abel que comparece para aludir às vicissitudes da vida familiar. Por outro lado, podemos interpretar a expulsão de Adão e Eva do paraíso como expressão do repúdio do pai aos filhos criados quando estes não se comportam de acordo com as expectativas paternas.

De uma forma geral, ao darem suas versões da antropogênese, todas as mitologias logo que criam o homem o colocam numa situação relacional no seio do núcleo familiar. E não só nos mitos de origem, como também nos que retratam dramas ou conflitos do périplo existencial, vamos encontrar os protagonistas imersos em sua circunstância familiar: o solitário Narciso, mirando-se nas águas, vê nelas, mais além de sua imagem refletida, as entranhas maternas para onde deseja retornar; e Édipo percorre seu calvário balizado pelas culpas incestuosas num complexo interjogo de relações filiais, conjugais e parentais.

Ora, se as sagas míticas com tal reiteração universalizam a presença da família em seus conteúdos, e se são elas a proto-representação do mundo real, não se poderá daí inferir a condição primordial da família como agrupamento humano?

Examinadas, assim, as origens da família, é o momento de acompanhá-la em sua evolução através dos tempos.

Referências

CANEVACCI, M. et al. *Didática dafamza?* São Paulo: Brasiliense, 1981. Cadernos de antropologia da Universidade de Brasília.

FAMILLE *(Histoire de la Familie).* Paris: Edition de Connaissances Modernes – Presses Encyclopédiques de France, 1971.

THE NEW ENCYCLOPAEDIC Britannica, Chicago, 1990.

CAPÍTULO 3

A Família através dos Tempos

A evolução da família através dos tempos não ocorreu de uma forma linear, da consanguínea para a monogâmica.

Ainda hoje, encontramos agrupamentos familiares em que, embora respeitando o tabu do incesto, há marcados elementos endogâmicos (como entre os judeus ortodoxos, por exemplo), ou em que o regime patriarcal está em plena vigência (como entre os muçulmanos). Há, entre os polinésios, mesmo que "aculturados" sob a forte influência do ocidente colonizador, resquícios do avunculato primitivo, da mesma forma como também vamos encontrar entre as formas "alternativas" de convívio marital de certos grupos jovens urbanos uma retomada da primitiva promiscuidade de que nos fala Morgan.

Cada cultura prevalente num determinado momento evolutivo da humanidade nos ofereceu sua concepção singular da constituição familiar. Para ilustrar essa afirmação, vamos fazer um breve périplo sobre peculiaridades da família em alguns povos, os quais detiveram a hegemonia cultural e sociopolítica em dado período do processo civilizatório.

O mais antigo código de leis sociais que se conhece – o código de Hamurabi, rei babilônico que unificou os povos da Mesopotâmia cerca de 1700 a.C. – consta de 252 artigos, dos quais 64 são consagrados a regular as relações familiares. O casamento era teoricamente monogâmico, mas o divórcio era permitido na ausência de filhos, ou mesmo a pedido do marido e, mais raramente, da própria esposa. A procriação era tida como elemento central do vínculo matrimonial, tanto que, se a mulher fosse estéril, o homem a podia repudiar ou tomar uma concubina para dela ter filhos, os quais a esposa deveria aceitar; o aborto era severamente reprimido. O regime era abertamente patriarcal, com o pai tendo poder quase absoluto sobre sua esposa e filhos; por ocasião de sua morte, o patrimônio passava aos filhos homens e só na ausência destes, às filhas.

Entre os povos mesopotâmicos, a família representava a mais sólida instituição social e, pelo isolamento em que viviam em seus núcleos urbanos, a coesão cultural era mantida, sobretudo, pela estrutura do grupo familiar.

Entre os antigos egípcios, a união entre irmãos era tida como o **casamento perfeito**, sendo, no entanto, um privilégio dos faraós. Isis e Osires, as divindades mais representativas do antigo Egito, eram, ao mesmo tempo, irmão e irmã, esposo e esposa e modelo ideal da relação entre homem e mulher nas classes privilegiadas.

O amor fraternal, aliás, predominava em toda a sociedade egípcia, mesmo que ao povo não fossem permitidas as uniões incestuosas. Marido, mulher, concubinas, irmãos, irmãs, parentes e serviçais mantinham relações que se aproximavam do padrão fraternal sem uma definição precisa da identidade pessoal ou social de cada um. Um mesmo nome designava a mulher, a irmã e a filha, assim como era frequente dois irmãos terem o mesmo prenome.

Os laços de parentesco e a herança eram transmitidos pela mãe num regime de filiação matrilinear. A mulher tinha, pois, papel preponderante no seio da família, o que talvez se devesse ao fato de a autoridade provir do exterior e não do seio da família, como acontecia entre os babilônios. Entre os egípcios, as famílias possuíam menos autonomia, já que sua existência condicionava-se à vontade dos faraós, os quais dispunham de poder absoluto sobre a força de trabalho e a vida de seus súditos.

Entre algumas tribos montanhesas dos primitivos hindus, vamos encontrar o costume da poliandria, em razão do desequilíbrio demográfico entre eles existente. Dois irmãos de uma mesma família tinham uma só esposa em comum, dividindo a manutenção desta e do lar.

A estrutura social dos hindus vai tomando corpo à medida que o nomadismo desaparece e, com ele, o matriarcado anterior. A estratificação da sociedade hindu em castas, vigente até a idade contemporânea, tem uma importância primordial também na estruturação da família, pela segregação consequente e pelos preconceitos bloqueadores do casamento entre membros de castas diferentes. Como a mulher, ao se casar, integra-se completamente à família do marido, isso significa que o casamento com um homem de casta superior pressupõe a elevação do seu nível social; por outro lado, o casamento de um homem com uma mulher de casta superior confere a ele um *status* incompatível com a posição a que lhe foi determinada, do nascimento à morte, pela ordenação da sociedade em castas.

O culto aos antepassados é incentivado entre os hindus. Os grupos familiares costumam ser numerosos pela presença de concubinas, filhos adotivos e parentes celibatários ou idosos, e o chefe da família é respeitado mais por sua desejável sabedoria e virtudes morais e religiosas do que pela repressão que exerce. O costume do sati (a incineração da viúva após a morte do esposo), prática tão enraizada que só desapareceu no século XIX, reafirma a submissão da mulher ao marido nesse grupo sociocultural, o que, no entanto, não significa que ela não tenha um papel preponderante na vida familiar: cabe-lhe não só dirigir os trabalhos domésticos, como também aconselhar seu marido nos assuntos de interesse comum.

Na Grécia arcaica, a célula fundamental da sociedade era constituída por todos os que reclamavam um pai comum e praticavam o mesmo culto. Essa seria uma versão primitiva da família extensa.

Já na Grécia clássica, a partir do século V a.C., vamos encontrar uma estrutura familiar melhor definida, com a supremacia do homem sobre a mulher, o direito paterno estabelecido e a instituição da propriedade privada transmitida de geração à geração.

As esposas eram inteiramente submetidas aos maridos, geralmente bem mais velhos do que elas. Privadas de direitos políticos ou jurídicos, as mulheres viviam praticamente reclusas nos gineceus, dos quais só se afastavam na companhia de escravos ou por ocasião de festas comunais e de grandes eventos familiares.

Em Esparta, pelo culto à eugenia, as mulheres aparentemente gozavam de maior liberdade, podendo fazer ginástica ao ar livre e expor seus corpos. O casamento visava, sobretudo, assegurar a reprodução e, embora a lei obrigasse a mulher à fidelidade, pelas exigências eugênicas, se o marido fosse ancião, ele poderia escolher um jovem são e vigoroso para fecundar sua mulher e assegurar-lhe uma descendência dotada dos almejados predicados físicos.

Com a função puramente reprodutora da união matrimonial, o amor derivava-se para outras fontes, e assim, floresceram as práticas homossexuais entre os antigos gregos: o amor dos homens adultos pelos adolescentes e o das mulheres entre si eram não só tolerados como, de certa forma, estimulados como expressão de sentimentos elevados da condição humana.

O hetairismo, ou seja, o intercâmbio extraconjugal, era uma prática comum, e as cortesãs gozavam de uma autonomia desconhecida entre as outras mulheres. Elas tinham reputação de serem ambiciosas, cultas e de possuírem um especial gosto pela intriga e pelo poder, o que as levava a exercer sobre seus amantes uma influência da qual eram subtraídas as esposas legítimas.

A educação dos filhos diferencia-se em Atenas e Esparta, nas duas *polis* que monopolizaram o período áureo da Grécia Antiga: na primeira, os filhos recebiam uma educação privada até a idade de 18 anos, quando iam prestar o serviço militar (o qual, portanto, data daquela época); em Esparta, já com a idade de sete anos, as crianças eram retiradas de suas famílias e confiadas ao Estado, o qual as submetia a um regime de austeridade e estoicismo, privilegiando o domínio do corpo e o desenvolvimento físico, os quais se voltavam para os rapazes, ao preparo para as tarefas militares e, para as mulheres, ao culto de um corpo saudável e preparado para as funções da maternidade (esse regime, mais tarde apontado de espartano, reproduziu-se na China contemporânea, sob a égide do comunismo).

Mas, sem dúvida, foi entre os romanos que a família consolidou-se como instituição e apresentou as mais significativas variações e transformações.

Na sociedade etrusca, que precedeu à romana, o sistema familiar tinha por centro a mulher. O patriarcado apareceu gradualmente e mais como o resultado de um processo interno do que de imposições externas. A família romana organizava-se em torno do elemento axial da descendência masculina. Os homens eram, sem dúvida, os atores principais e centralizavam todas as ações familiares, sociais e políticas, sendo as mulheres meras coadjuvantes.

A família estruturava-se nos moldes do Estado: uma autoridade suprema – o pai de família *(pater familias)* – e um sistema de leis a ser rigidamente obedecido – uma jurisdição *(judicia domestica)* destinada a se fazer respeitar como instituição social, tendo seus próprios cultos e cerimônias domésticas, rendendo preito aos chamados **deuses lares**.

A autoridade *pater familias* sobre os filhos prevalecia mesmo sobre a própria autoridade do Estado e durava até a morte do pai, o qual não só podia punir seu filho, como lhe infringir a pena capital; transformá-lo em escravo, fazendo-lhe trabalhar para outros, retendo seu salário; vendendo-o como escravo, se assim o quisesse; ou se ele houvesse cometido qualquer ato ilícito, doando-o à pessoa lesada. Também tinha o direito de abandonar ou matar os recém-nascidos.

Assim corno os imperadores decidiam se os gladiadores vencidos iam viver ou morrer, o pai de família arbitrava o direito dos filhos à vida. Não é de surpreender, portanto, a grande incidência de parricídios entre os antigos romanos, pois a situação de um adulto com pai vivo era bastante precária e infantilizante.

Por sua vez, as mulheres, embora socialmente respeitadas em sua condição de mãe de família, gozando de uma relativa autonomia remanescente da época pré-patriarcal, ao se casarem, estavam inteiramente sujeitas à autoridade não de seu esposo, mas do sogro, enquanto esse fosse vivo.

Casamento era um ato privado e não público entre os romanos. A entrada da mulher na família podia revestir-se de um caráter sagrado e ritualístico *(confarreatio),* fazendo-se por meio de um contrato, lembrando o antigo hábito de comprar a esposa *(coemptio)* ou pela divisão com o seu futuro marido do leito conjugal sem dele afastar-se por mais de três noites consecutivas *(usus).*

Os casamentos eram acertados em função do dote, da herança e de outras razões patrimoniais. As mulheres abstinham-se de relações durante a gravidez e o aborto era uma prática até certo ponto frequente por imposição do pai. A adoção era prática corrente, muitas vezes com a finalidade de dar a condição de *pater familias* a um cidadão que dela necessitava para obter honras públicas ou cargos políticos.

Como a sociedade romana subdividia-se basicamente entre senhores e escravos, a estes últimos cabia a educação dos filhos de seus amos. E, como a condição de escravo não estava vinculada unicamente a circunstâncias de nascimento, havia muitos deles oriundos das classes abastadas e dotados de reconhecida capacitação para a função preceptora.

Entre os primitivos chineses da era pré-dinástica (mais de 3000 a.C.), a estrutura familiar, ligada à vida rural, era do tipo patriarcal, cuja autoridade repousava na figura dos anciãos. Embora o chefe de família pudesse infringir castigos corporais muito severos, tanto às crianças quanto aos escravos, ao contrário dos romanos, ele não dispunha do direito de vida e morte sobre seus descendentes a quem, por vezes, tratava com benevolência e com certo senso de justiça, o que os levavam a glorificar a figura dos veteranos patriarcas em lugar de querer eliminá-los. No tocante à relação entre os sexos, havia uma rígida separação entre eles, a promiscuidade era condenada e os jovens mantidos isolados até o casamento.

Na China medieval, as famílias numerosas antes eram um privilégio das classes abastadas do que uma característica dos pobres. Havia uma interdição legal ao abandono dos recém-nascidos e, simultaneamente, surgiram as primeiras instituições de proteção aos menores abandonados.

Entre os chineses do medievo, vamos encontrar mulheres do povo que, recusando-se a se submeterem à regra da obediência e da fidelidade a seus maridos, tornaram-se amantes de homens das classes nobres, compartilhando com estes o culto ao ócio e o gosto pelas artes e pela literatura erótica. De certa forma, são elas as precursoras de movimentos de reivindicação feminista que eclodiram em séculos posteriores.

O modelo patriarcal da família chinesa, sem dúvida, foi o mais longevo que se conhece, persistindo até nossos dias.

Também entre os japoneses, até o final da Segunda Grande Guerra Mundial, a estrutura familiar era do tipo patrilinear e apoiava-se no respeito e reconhecimento que os membros de uma mesma descendência tinham por seus antepassados, cuja memória deveria ser honrada e preservada. Havia um forte sentimento de coesão do grupo familiar em torno dos interesses soberanos da continuidade do **ie**, ou seja, desta linhagem patrilinear que se torna, assim, um valor abstrato a ser cultuado.

O chefe de família era um administrador temporário do patrimônio familiar, o qual era transmitido de geração em geração, sendo um crime vender ou se desfazer de propriedades, por descontinuar o **ie**, e assim, causar prejuízos às gerações futuras. Para os japoneses, ter uma longa linhagem era motivo de orgulho e fonte de respeitabilidade. O *status* de chefe de família era dado, sobretudo, pela responsabilidade de manter a continuidade do **ie** e conservar os bens patrimoniais que o identifica.

Após o casamento, as mulheres deixavam de pertencer ao seu **ie** original e seu dote não poderia incluir terras ou algo que implicasse uma descaracterização do patrimônio do grupo familiar de onde provinham.

Tanto esposas como filhos adotivos, uma vez admitidos no seio de um novo **ie**, passavam a usufruir os mesmos direitos e a partilhar as mesmas obrigações que os demais membros do clã.

Na América pré-colombiana, a organização familiar não apresentava singularidades equiparáveis às encontradas em seu surpreendente desenvolvimento no domínio das artes e das ciências. Após um período inicial de vida promíscua, tanto entre os astecas como entre os maias e os incas, a monogamia regulava as relações entre os sexos, e a família distribuía papéis e funções de acordo com as exigências da mão de obra masculina para os serviços pesados e da retaguarda feminina no cuidado com os afazeres domésticos e dos filhos. Os trabalhos agrícolas centralizavam a vida comunal e a família organizava-se em torno destes misteres em moldes similares aos encontrados entre as populações rurais da Europa de então.

Na Europa pré-feudal, destacamos as estruturas familiares dos povos célticos e germânicos.

Entre os celtas, chama atenção a igualdade dos sexos, tendo as mulheres uma participação ativa na vida tribal, não só na paz como na guerra, em que as encontramos combatendo ao lado dos homens na defesa de suas terras. Mais tarde, sob o domínio do Império Romano, a família celta gradativamente adotou a estrutura patriarcal, mas as mulheres conservando certa autonomia não encontrada entre outros povos.

As famílias germânicas, embora obedecendo à autoridade patriarcal, não a tinham tão estrita quanto os romanos. A ausência de regras de sucessão e a tendência a não partilhar o patrimônio, mesmo após a morte do pai, contribuíram para uma menor rigidez dessa estrutura patriarcal.

E, assim, chegamos à família sob a organização feudal da Idade Média, sobretudo na Europa setentrional. Aqui, teríamos que distinguir as peculiaridades das famílias dos senhores feudais ou suseranos e a das comunidades rurais que lhes deviam vassalagem.

As transformações sociopolíticas ocorridas a partir da instituição do feudalismo, após a queda do Império Romano, levaram a uma gradativa passagem do gregarismo predominante nos tempos primitivos para uma cada vez mais acentuada valorização do individualismo e da privacidade doméstica, o que talvez tenha sido o principal fator determinante das modificações introduzidas na estrutura e na função da família a partir do Segundo Milênio pós-Cristo.

Nos tempos feudais era a linhagem, e não o casamento, que centralizava a vida familiar. A mulher só pertencia à linhagem do marido enquanto ele fosse vivo, já que a viuvez a excluía. Por outro lado, prevalecia a chamada **família abrangente**, a qual incluía outros parentes (ou **privados**, como os chamavam), amigos (que tinham livre acesso a casa, mas nela não residiam) e mesmo vassalos, que prestavam serviço na casa do suserano.

Não obstante a mulher devesse obediência ao marido, como em qualquer regime patriarcal, sua ascensão social diante dos demais membros da família, apoiada em seu privilégio de conceder herdeiros legítimos ao senhor feudal, era ratificada pela designação com que era reconhecida, **dama** *(domina)*, à qual também eram concedidos poderes de mando sobre a vassalagem da casa, equivalentes aos do seu marido.

Há uma figura particularmente importante nessa constelação da família abrangente dos nobres feudais: a do **amigo**. Já entre os germânicos, o **rito de sangue** antecipava a entronização do **amigo** no âmbito familiar; por ele, dois indivíduos intercambiavam certas gotas de sangue e estabeleciam entre si um pacto de lealdades recíprocas, mantendo uma relação fraternal da qual não se excluía a rivalidade, desde que respeitados os preceitos do laço sanguíneo que simbolicamente havia contraído. Foi na era feudal, contudo, que essa relação de respeito e lealdade para com outro indivíduo, que não pertencia à mesma linhagem, consolidou a noção de que a amizade é um bem inestimável, a qual deve ser multiplicada pela generosidade dos que a usufruem, porque a verdadeira riqueza está nos amigos que temos, como insistentemente proclamava a literatura profana da época.

A concepção feudal das relações de amizade traz-nos à consideração o elemento nodal que presidia tais relações: **a defesa da honra**. O amigo deveria, sobretudo, colocar-se a serviço da preservação da honra daquele a quem estava preso por sentimentos fraternais e, mais do que por esses, pelo compromisso implícito no exercício da amizade. E a honra era, sobretudo, vinculada à legitimidade da filiação. Esse era o eixo em torno ao qual gravitavam todas as questões atinentes à família da nobreza feudal.

O fundamento da ordem familiar alicerçava-se no casamento fecundo e na fidelidade conjugal que assegurava a filiação legítima e a pureza da linhagem. Os senhores feudais viviam obcecados pelas dúvidas quanto à legitimidade de seus filhos e isso trazia como consequência a importância exacerbada das relações do pai com seus filhos e a necessidade de exercer um obsessivo controle sobre a vida de suas esposas, mormente quando se ausentavam por longos períodos de tempo a serviço das obrigações de guerra. Não por acaso o aparecimento dos **cintos de castidade** datam dessa época.

Por outro lado, o desenvolvimento da doutrina cristã – apresentando a castidade como atributo louvável aos olhos do Senhor, até mesmo como via de acesso à salvação das almas e, em contrapartida, repudiando a sexualidade, tida como alvo preferencial da ação diabólica – imprime marca indelével nos costumes da família ocidental a partir de então.

A visão ocidental do amor, impregnada da espiritualidade cristã emergente, contrapondo-se à esfera erótica do amor oriental, dá origem aos rituais de galanteria e às ordens de cavalaria então aparecidas. Esboça-se, assim, por meio da hierarquização do hábito de cortejar, a união conjugal determinada não só pelos interesses e conveniências das alianças feudais, mas também pela eleição afetiva dos cônjuges.

Contraditoriamente, foi o amor adúltero o veículo para a introdução dessa que viria a ser a maior transformação na maneira de constituir o par conjugal. O amor contrariado, ao qual não se reconhecia a legitimidade de uma união destinada à reprodução das linhagens feudais, deu origem à reação dos amantes em busca da afirmação de sentimentos românticos, os quais passaram a ser estimados como expressão do **amor espiritual**, que transcendia os desejos da carne, segundo a apologética cristã.

Embora assim estivesse esboçando a relação conjugal por mútuo consentimento e reciprocidade de afetos, na verdade, o casamento medieval formalmente não passava de uma aliança entre famílias, não contemplando a vontade dos indivíduos que o consumavam.

Quanto aos filhos, se legítimos e varões, eram saudados e treinados para a glória do poder heráldico de sua linhagem; se mulheres, isoladas para manterem a castidade e preparadas para servirem às alianças feudais; e, quando bastardos, entregues à própria sorte.

E nas comunidades feudais rurais, como era a família?

Pelo isolamento em que se encontravam estes grupos, constituídos por aqueles que prestavam vassalagem a um mesmo senhor feudal e, portanto, de certa forma, aprisionados em seus domínios, ocorria certo grau de consanguinidade decorrente da situação endogâmica em que viviam.

Eventualmente, a presença de estranhos, que tanto poderiam ser soldados desgarrados de suas tropas nas lutas entre feudos rivais como camponeses expulsos de suas terras ou fugitivos de massacres e epidemias, permitia a prática fortuita de ligações exogâmicas e a fixação de elementos egressos de outros feudos à comunidade local.

Os limites formais entre a família nuclear e a parentela são bastante imprecisos nas vilas medievais. Poder-se-ia mesmo dizer que ali ocorria uma situação toda peculiar, na qual a parentela exercia uma autoridade grupal sobre o casal, o qual se via, assim, destituído de toda a autonomia, mesmo no tocante às questões patrimoniais.

Como a autoridade patriarcal recaía na figura do senhor feudal, o papel parental via-se muito reduzido em sua importância e, por isso, de certa forma, a parentela exercia localmente a autoridade que formalmente cabia a um suserano distante e a quem, por vezes, nem se chegava a conhecer ao longo de uma existência.

Não obstante o casamento ser monogâmico, pelo predomínio das relações de parentesco sobre o vínculo conjugal, havia certo afrouxamento desse vínculo e uma tendência à promiscuidade sexual. As relações incestuosas ocorriam com certa frequência, originando filhos bastardos, muitas vezes portadores de deficiências físicas ou mentais, interpretadas pelos clérigos como castigos contra a prevaricação consentida.

O surgimento do artesanato como alternativa de subsistência para populações de vassalos, cujo trabalho convencional estava sempre a mercê da taxação imposta pela ganância dos suseranos, não só modificou o perfil socioeconômico dessas populações, preparando o advento da era industrial e da ascensão da burguesia, como influiu sobremaneira na constituição abrangente das famílias dos centros urbanos que proliferavam em torno aos castelos feudais.

À medida que os aprendizes se misturam aos filhos de seus mestres nos afazeres do ofício, gradativamente são absorvidos na organização familiar destes e, muitas vezes, acabam por integrar-se à família do mestre, casando-se com suas filhas. Por outro lado, essa condição de aprendiz os tornam submetidos a outra forma de autoridade: a do mestre de ofício que, por vezes, irá explorá-los, a exemplo do que faziam os suseranos com seus vassalos.

Aproximadamente ao final da Idade Média, com o nascimento da industrialização, o espírito de iniciativa individual insurge contra a estrutura patriarcal dos primitivos burgos, dando origem a novos contextos familiares, presididos pela escolha recíproca dos parceiros para a união matrimonial, pelo isolamento do casal em relação ao grupo comunal e à parentela extensa, e pela conquista de sua autonomia patrimonial.

A família nuclear estabelece sua prevalência, mas a autoridade patriarcal segue sendo externa ao núcleo familiar, já que o clero passa a exercer o papel antes atribuído ao senhor feudal na determinação do destino da massa plebeia. Só que agora, esses novos senhores estribados no poder eclesiástico, não apenas governam a vida terrena, mas apresentam-se como donatários dos latifúndios celestes a serem partilhados na eternidade entre os que melhor servirem aos seus desígnios temporais.

E aqui chegamos às fronteiras da Idade Média com a Época Moderna. Para melhor traçar o perfil das transformações da família, desde então até os nossos dias, vamos nos valer de um esquema referencial, parcialmente apoiado no estudo comparativo de quatro modelos de estruturas familiares propostos pelo historiador norte-americano Mark Poster em sua *Teoria crítica da família*. Esses quatro modelos seriam:

- Família aristocrática dos séculos XVI e XVII.
- Família camponesa dos séculos XVI e XVII.
- Família burguesa do século XIX.
- Família operária do século XIX.

A eles acrescentaríamos um quinto modelo, o qual denominamos **família da aldeia global no limiar do século XXI**.

Com propósitos de concisão expositiva, vamos agrupar num quadro sinóptico o comportamento desses cinco modelos em relação a certos itens que caracterizam a vida familiar e sua inserção sociocultural.

Cremos que a simples visualização do quadro proposto permite ao leitor traçar um perfil da condição polimórfica da família ao longo de sua evolução nas eras moderna e contemporânea, ratificando a observação inicial de que a família é um agrupamento humano cambiante e que sua estrutura e funções estão intrinsecamente vinculadas às mudanças de paradigma sociocultural ao longo do processo civilizatório.

Modelos de Estrutura Familiar → / Quanto à ... ↓	Família Aristocrática	Família Camponesa	Família Burguesa	Família Operária	Família da Aldeia Global
Estruturação do Grupo Familiar	Em função da preservação do patrimônio herdado.	Em função das necessidades de prover as condições básicas de sobrevivência.	Em função da necessidade de transmissão dos interesses da base dominante emergente.	Em função da preservação do mito da prosperidade a alcançar.	Em função da necessidade de conviver – instinto gregário e o desejo ou intenção de procriar (instinto reprodutor).
Função do Lar	Proteção contra a ameaça externa (inimigos). Lugar público e político.	Lugar de produção dos bens essenciais e proteção contra ameaças externas.	Em função da necessidade de transmissão dos interesses da base dominante emergente.	Lugar de satisfação das necessidades primárias de alimentação e agasalho.	Prover segurança física e psicológica.
Objetivos Educacionais	Respeito à hierarquia social.	Renúncia à individualidade.	Renúncia ao corpo/mente.	Renúncia à posse das fontes de produção em favor da obtenção dos bens de consumo.	Desenvolver aptidões específicas para a vida competitiva.
Relações Intrafamiliares – Relações e Autoridade sobre os filhos	Sub-rogados paternos (preceptores) como padrão de identificação. Autoridade preceptorial. Punição pelo castigo. Crianças tratadas pelos pais como pequenos animais domésticos, e não como objeto de afeição materna ou paterna.	Modelo de autoridade matriarcal – mãe-terra nutrícia como padrão referencial – castigos físicos como punição. Deus e o pároco como representantes da autoridade.	Pais como modelo de identificação. Autoridade parental. Punição pela retirada do amor ou incremento da culpa.	Modelo de autoridade patriarcal. O patrão como ponto referencial. Castigos físicos e abandono como punição.	Filhos como depositários das expectativas parentais (veículo de realização de seus desejos e compensação pelas frustrações há vidas). Autoridade paterna e materna compartidas.

Modelos de Estrutura Familiar → Quanto à ... ↓	Família Aristocrática	Família Camponesa	Família Burguesa	Família Operária	Família da Aldeia Global
Vida Sexual Pré-matrimonial	Masturbação consentida	Sodomia	Masturbação reprimida. Renúncia instintiva valorizada. Separação entre sexo e amor. Moralidade machista.	Incesto	Experimentação de distintas formas de obtenção de prazer erótico consoante inclinações pessoais.
Papéis Sexuais	Promover alianças latifundiárias. Servir às alianças latifundiárias.	Função nutrida Função de agasalho e proteção.	Manutenção da casa. Criação dos filhos.	Manutenção da casa. Manutenção da casa.	Equivalentes, ressalvadas as diferenças quanto ao papel reprodutor da espécie.
Casamento	Acordos interclãs com vistas à manutenção da herança heráldica.	Seleção natural sem matizes endogâmicas.	Imposição ou pressão dos pais, objetivando a preservação ou acumulação de bens patrimoniais.	Escolha Individual mais ou menos aleatória.	Substituição do contrato (cível ou litigioso) por livre união consensual.
Relação com Crescimento Demográfico	Baixa natalidade. Alta mortalidade.	Alta natalidade. Alta mortalidade.	Baixa natalidade. Baixa mortalidade.	Alta natalidade. Alta mortalidade.	Baixa natalidade. Baixa mortalidade.

Referências

ARIES, P. *História social da criança e da família*. Rio de Janeiro: Zahar, 1978.

ARIES, P.; DUBY, G. (Org.). *História da vida privada*. São Paulo: Cia. das Letras, 1991.

FAMILIE *(Histoire de la Familie)*. Paris: Editions de Connaissances Modernes – Presses Encyclopédiques de France, 1941.

POSTER, M. *Teoria crítica da família*. Rio de Janeiro: Zahar, 1979.

CAPÍTULO 4

Relações Conjugais e sua Dinâmica Atual

Preliminarmente, o que entendemos por relações conjugais?

Relações conjugais são aquelas que mantêm homens e mulheres, com o outro ou com o mesmo sexo, por terem estabelecido laços de natureza sexual e afetiva que os levam a desejar uma vida compartilhada, independentemente dos fins de procriação da espécie ou da institucionalização dessa união pelos ritos do casamento civil ou religioso.

Já é visto que essa conceituação da relação conjugal discrepa do que postulam os padrões convencionais sob os quais se considera (ou se considerava até há pouco tempo) a instituição matrimonial, entretanto não é nosso intuito se não contemporaneizá-la, reconhecendo, contudo, que o estamos fazendo a partir de um ponto de vista pessoal.

A dinâmica das relações conjugais altera-se em função de fatores culturais, socioeconômicos e do momento do processo civilizatório em que a consideremos. Indubitavelmente, durante o último século, as profundas transformações ocorridas no relacionamento conjugal foram, em grande parte, determinadas pelos avanços científicos e tecnológicos, os quais mudaram significativamente o perfil das necessidades e dos desejos, bem como das expectativas de vida dos seres humanos em geral.

Ao longo deste capítulo, o propósito é traçar um esboço das tendências atuais que balizam a dinâmica das relações conjugais visualizadas num prisma evolutivo, ou seja, de algo inscrito num processo de constante aperfeiçoamento das relações humanas, conquanto, muitas vezes, nos confunda, nos perturbe ou pareça ameaçar a estabilidade das instituições a que confiamos a manutenção das conquistas éticas na evolução da humanidade.

Para entender esse fluxo evolutivo nas relações conjugais, não podemos deixar de lançar um olhar para o seu passado, ao modo como se estabeleceram e ao caráter predominante que adquiriram ao longo dos tempos e das civilizações. Talvez nada permita visualizá-las de um modo tão abrangente e sintético como a menção à etimologia do termo, a qual se cunhou para identificá-las: **conjugal** (do lat. *cum*: ideia de união ou companhia + *jugum*: jugo, domínio) significa **o que leva o mesmo jugo**, ou seja, diz respeito ao caráter aprisionador que caracterizou por meio dos tempos a relação conjugal. E se alguém objetar que a um **dominador** corresponde um **dominado**, lembremos que, numa visão sistêmica, para que haja um tirano, é preciso que exista a vítima, e assim, como ocorre na relação entre o torturador e o torturado, ambos estão condenados ao mesmo processo que os mantêm unidos. Recordando o que dizia Margaret Mead (comunicação pessoal): "cada mulher que se libera, libera consigo um homem; quando os homens perceberem isso tratarão de ser menos algozes de suas companheiras".

Ora, se na composição da palavra **cônjuge** torna-se evidente o caráter de mútuo aprisionamento, torna-se evidente também que a **possessão do outro** foi determinante na origem das relações conjugais. O sentimento de posse ao lado da busca de satisfação sexual por complementaridade são elementos definitórios das relações conjugais como as conhecemos no regaço das gerações precedentes. Não há, portanto, como examinar as transformações significativas por que passam as relações conjugais em nossa época sem considerá-las à luz da questão do poder entre seus parceiros.

A conquista e a manutenção de estados de poder são inerentes à condição humana e matizam todas as suas manifestações. A família monogâmica, prevalente no mundo ocidental ainda hoje, deve suas origens à afirmação do poder masculino para assegurar filhos de paternidade inconteste, garantindo, assim, a continuidade hereditária da propriedade privada e dos bens materiais em geral. Contudo, a alienação feminina sob o jugo patriarcal também se alinha nesse tabuleiro, em que se desenrolam os jogos de poder: a esposa abdica do prazer pela posse do companheiro, enquanto a concubina exerce seus direitos sobre a província hedonista da qual se tomou arrendatária.

O movimento de emancipação feminina, apoiado na evidência de que não há razões biológicas nem psicológicas para sustentar a desigualdade social entre homens e mulheres, ainda está longe de concretizar-se, segundo a opinião de algumas feministas. Carla Ravaioli, escritora italiana, em seu livro *A mulher contra ela mesma*, observa que "a mulher permanece hoje, como ontem, metade odalisca, metade sufragista [...] é ela cúmplice da discriminação de que é vítima".

A guerra dos sexos, assim como o conflito de gerações e todos os demais estados de beligerância, é alimentada, em última instância, por uma disputa pelo poder. E o narcisismo humano é o combustível que move homens, mulheres e seus descendentes nesta ciranda em busca do poder, dentro e fora do âmbito da família.

Parece-nos indiscutível que o **sentimento de posse** envenena as relações humanas e radica-se nos núcleos narcísicos arcaicos da condição humana. Em cada relação afetiva somos levados a reeditar o vínculo possessivo original com a matriz que nos gerou. A fantasia primordial do bebê é de que a mãe existe em função dele, unicamente para servi-lo e satisfazer suas necessidades. A vida se encarregará de corrigir essa ilusão primária e o fará à custa de maior ou menor grau de sofrimento psíquico por parte do indivíduo, consoante sua respectiva, maior ou menor, capacidade de renúncia à posse exclusiva do objeto amado.

Mas não é só o bebê que deseja tiranizar a mãe com seus impulsos possessivos; essa também pode nutrir em relação ao seu rebento iguais sentimentos de posse e domínio. É, pois, um vínculo que pode assumir características simbióticas, tornando-se mutuamente exclusivo e totalitário. Essa situação prototípica é possível encontrar em todos os relacionamentos humanos em que se reeditam esses jogos de poder, os quais objetivam submeter o outro aos desígnios pessoais de cada um.

Em outras palavras, num bem-sucedido processo de amadurecimento psicológico, o indivíduo deve poder despojar-se do desejo onipotente de domínio e posse do outro para alcançar aquele estado de bem-estar psíquico, ao qual nos referimos como **felicidade**.

Casais Hoje

Uma observação imprescindível sobre o uso do termo **casamento** no texto: nem sempre corresponde a uma união formalizada entre dois seres. A decisão de formar um casal para uma vida compartilhada basta para que aqui se designe como **casamento** o que resulta dessa decisão.

Com o auxílio de representações gráficas, conheça os movimentos que assinalam a mutação interativa esboçada no relacionamento dos casais nos dias de hoje.

- Num conjunto formado por dois balões, cada qual conserva suas propriedades independentemente da presença do outro.

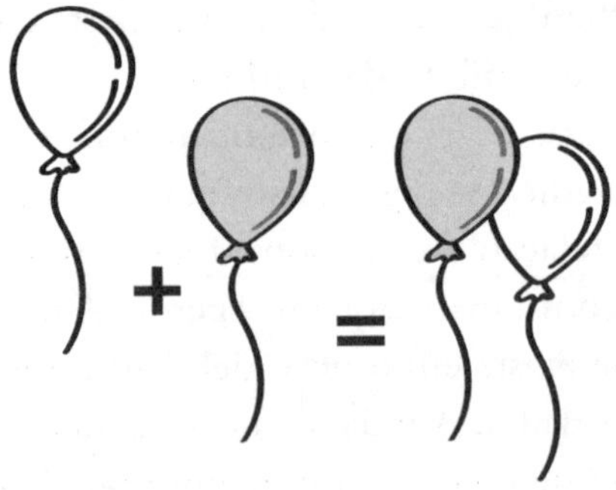

- Já, ao se constituir um casal, os indivíduos que o compõem, ao longo do tempo e da convivência, sofrem modificações em sua estrutura e funcionamento psíquico para se ajustarem às necessidades do sistema conjugal.

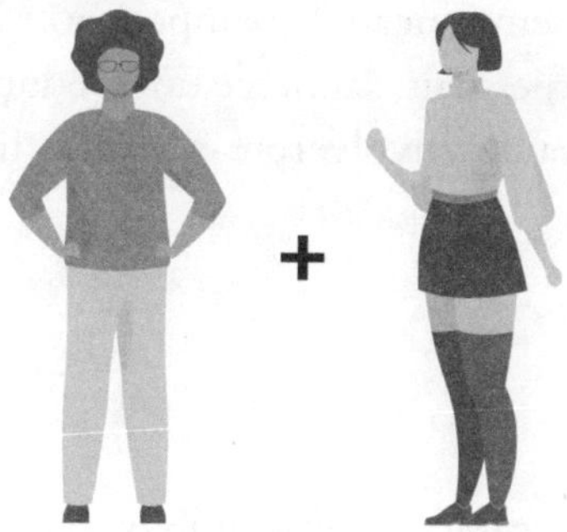

- Tais mudanças adaptativas podem ocorrer de tal forma – e essa era a situação prevalente na maioria dos casais até a era contemporânea – que a mulher se **encolha** em suas potencialidades como ser humano para servir de suporte ao desenvolvimento e à afirmação dos potenciais do homem.

- Em algumas circunstâncias – e isso é uma ocorrência cada vez mais frequente em nossos dias – acontece o contrário, isto é, o homem fica à sombra da mulher no contexto das reivindicações femininas pelo seu espaço na sociedade contemporânea.

- Muitas vezes, em função da competição e inveja recíprocas e dos conflitos interpessoais, acontece uma redução das potencialidades de ambos para desenvolverem-se como indivíduos.

- Em função das características simbiotizantes que comparecem em tantos vínculos conjugais, pode ocorrer uma **desconfiguração** das identidades pessoais de cada membro do casal, comprometendo seu amadurecimento emocional e o desenvolvimento de um projeto de vida próprio.

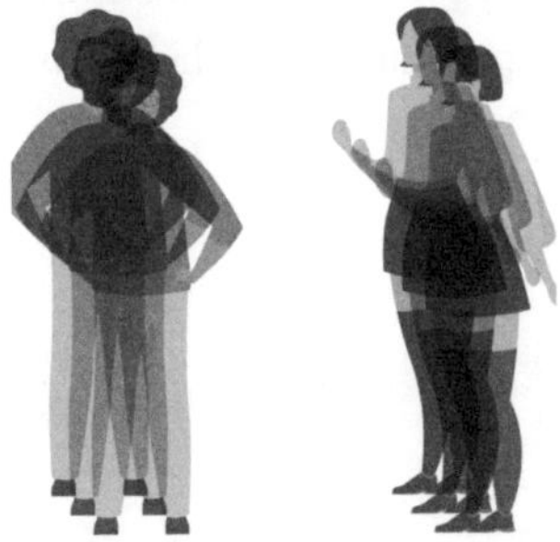

- É, no entanto, cada vez maior o número de casais que apoiam sua relação no respeito e na admiração recíprocas e na tomada de consciência de que, para ambos desenvolverem ao máximo suas potencialidades humanas, necessitam suplementar-se, ou seja, cada qual exercer uma ação catalítica para o pleno desabrochar das qualidades e dos méritos do outro.

- Para que isso ocorra, é necessária uma perfeita delimitação das fronteiras individuais de cada um.

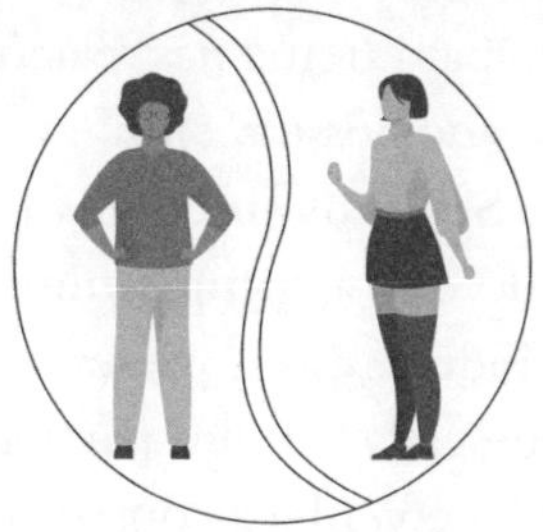

- Sempre levando em conta que, num casal, é preciso existir, em con dições harmônicas, áreas individuais e compartilhadas para que o sistema seja operativo e funcional.

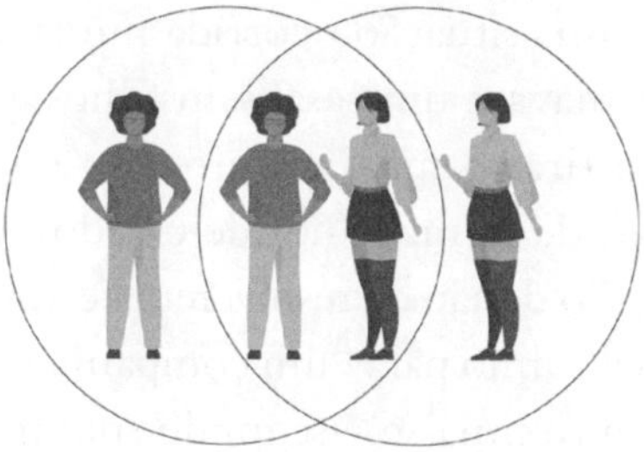

- Sabendo-se que, por outro lado, inevitavelmente existirão momentos em que um dos dois, ou ambos, estarão fragilizados e em que estarão na plenitude de suas potencialidades, e que, ainda, na dinâmica de um sistema vivo e em movimento, como é o de um casal, nunca haverá condições homeostáticas permanentes.

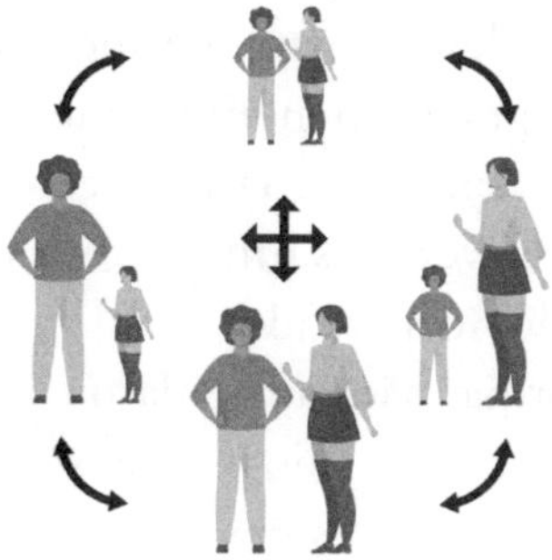

Casais no Futuro: Sinejuges e não mais Cônjuges

Voltamos ao referencial etimológico para sugerir, por antinomia, o surgimento de um novo paradigma nas relações de casal, pautadas pela mitigação dos sentimentos de posse recíprocos e pela ausência da dominação de um pelo outro. Serão os **sinejuges** (*sine* – sem; *jugum* – jugo) do futuro, em que mais do que a **complementaridade**, apontada como fulcro da relação de casal ideal, esteja presente a **suplementaridade**, ou seja, a possibilidade de que cada um dos partícipes do par agregue valor ao projeto de vida do outro e venha a constituir num plus ao seu desenvolvimento pessoal. Para tanto, é preciso que a interação do casal esteja antes pautada pela cooperação do que pela competição, pelo estímulo e não pelo cerceamento do desejo de cada um, pela liberação e não pelo aprisionamento de suas respectivas vontades.

Como ilustração dessa possibilidade evolutiva na relação entre os casais, vamos referir uma situação ocorrida numa terapia de casais.

Júlio e Ana formavam um casal sem filhos e que, ajustados a essa situação, procuravam tirar o máximo proveito e satisfação de sua vida em comum após mais de quinze anos de casados. A procura deles pela terapia foi motivada pelo desejo de resolverem certos incômodos na vida a dois e prepararem o caminho para "um companheirismo ativo e saudável quando a velhice se aproximasse" (segundo suas palavras).

Num de nossos encontros terapêuticos, Júlio fez menção às discrepâncias em suas preferências cinematográficas, dizendo que enquanto ele gostava de filmes de ação e detestava os que denominava «água com açúcar», os quais lhe provocavam sono, Ana apreciava os filmes românticos, aqueles que levam às lágrimas, mal suportando as cenas de violência dos filmes que tanto agradavam a ele, Júlio. "Mas o que fazer, aduziu ele, se um casal para estar bem deve fazer concessões mútuas... o problema é que mesmo quando vou a um filme que me atrai não sinto prazer, pensando que ela está ali ao meu lado detestando o que está vendo". Ana acrescentou que a ela também desagradava ir ao cinema ver seus filmes preferidos e tê-lo cochilando ou até mesmo roncando ao seu lado.

Indaguei-lhes porque não iam cada qual assistir ao filme de sua preferência em cinemas diferentes do mesmo *shopping center* que frequentavam e depois das respectivas sessões se encontrassem para tomar um chopinho e lanchar, apreciando o vaivém das pessoas, compartilhando um hábito que era igualmente prazeroso para ambos.

Com expressão de surpresa, ambos observaram, a uma só voz, que nunca tinham pensado nisso e se dispuseram a experimentar a receita.

No encontro seguinte, trazendo-me o *feedback* da proposta que os fizera, ambos comentaram que o resultado fora excelente, embora Júlio confessasse que lhe incomodou **um pouquinho** imaginar que Ana pudesse ser paquerada por um eventual vizinho de poltrona do cinema por estar desacompanhada, sentimento que foi o mote para que, a partir de então, pudéssemos examinar, na sequência de nossos encontros, o sentimento de posse que subjazia a esse incômodo de Júlio, o qual encontrava ressonância em Ana e que era herança do mito de que casais felizes são aqueles cujos cônjuges estão sempre juntos, compartilham tudo e se protegem de terceiros sedutores pelo exercício da posse recíproca.

O episódio relatado nos convida a encerrar o tópico com alguns breves comentários sobre a **fidelidade**, ou as fronteiras entre o amor e o sentimento de posse.

Há todo um discurso moral relacionando a felicidade conjugal com a fidelidade entre os cônjuges. Consequente a essa afirmação, dá-se por estabelecido que o amor pressupõe fidelidade ao objeto amado, e subentende-se que a fidelidade corresponde à interdição de atração física, carícias eróticas ou intercurso sexual com alguém que não o cônjuge. Contrariamente ao que se preconiza na relação entre os cônjuges, espera-se que os pais não reservem um amor exclusivo a um dos filhos e que eles possam querer igualmente e com igual intensidade a todos os membros de sua prole.

Sem querer estabelecer comparações não pertinentes entre amor conjugal e paterno ou materno, apenas nos utilizamos da menção a distintas expectativas sobre o comportamento afetivo no sistema familiar para sublinhar a impossibilidade de regulamentar sentimentos, pois, assim como dificilmente haverá pais que sintam idêntica afeição por diferentes filhos, da mesma forma é improvável que marido e mulher nunca hajam experimentado fantasias ou interações amorosas com alguém fora da relação conjugal, ainda que numa ou noutra das situações mencionadas isso não seja honestamente admitido.

Portanto, a fidelidade, conquanto preconizada ou esperada, é a exceção e não a regra e há quem, não sem certa dose de cinismo, afirme que nada como um "caso" extraconjugal para consolidar um casamento.

A expectativa de cada cônjuge com relação à fidelidade do outro está intimamente relacionada com a questão do narcisismo, pois se apoia na convicção de que só esse alguém poderá preencher completa e perfeitamente as necessidades afetivas e sexuais de seu parceiro (a).

"Fidelidade não se cobra, conquista-se", dizia certo amante. Mesmo nessa afirmação, encontramos a negação narcísica da evidência de que entre tantas outras criaturas humanas sempre deverá existir alguém com melhores condições para encantar o objeto de nossa afeição ou atração.

Se uma infidelidade ameaça ou, ao contrário, é o elemento capaz de testar e reafirmar um vínculo conjugal, só a realidade de cada casal em suas circunstâncias pode responder. O que nos parece inegável é que querer alicerçar uma relação conjugal numa expectativa ou exigência mútua de fidelidade é como erguer um prédio em terreno movediço. Há muito mais a sustentar um vínculo amoroso do que a exclusividade entre os parceiros.

A experiência no acompanhamento de inúmeros casais contemporâneos, quer como psicoterapeuta, quer como estudioso e observador atento do comportamento humano, tem nos evidenciado que só os laços do bem querer aproximam os cônjuges; tudo mais que se pretenda instituir para uni-los, como o contrato matrimonial, as obrigações com a manutenção do lar e a educação dos filhos, as aquisições patrimoniais em comum e as imposições da moral e dos costumes sociais, acaba habitualmente por separá-los. E, sem dúvida, a essa lista do que é instituído pela cultura vigente há que se acrescentar, como elementos que promovem antes a desunião do que a união entre os cônjuges, o impulso a controlar a individualidade do outro e as imposições recíprocas que se estabelecem na convivência conjugal.

Sexualidade Humana: Emergência de um Novo Paradigma

As metamorfoses do relacionamento conjugal nos tempos atuais, indubitavelmente, só poderão ser compreendidas à luz das profundas modificações no comportamento sexual da sociedade hodierna.

Para ser abordada sob um prisma integrador, a sexualidade humana não pode ser dissociada – como é de hábito – em uma sexualidade feminina e outra masculina. Essa contraposição desloca o exame da questão sexual para a estéril discussão sobre a primazia de um sexo sobre outro ou sobre as vantagens e desvantagens de cada qual. Por outro lado, a crescente pressão dos homossexuais para o reconhecimento de seu comportamento como um comportamento sexual equiparável sócio-culturalmente à conduta heterossexual já não mais permite que se discuta, hoje em dia, a sexualidade humana, tendo como parâmetro único a dicotomia entre os sexos.

Está claro que não estamos ingenuamente negando que, assim como há diferenças anátomo-fisiológicas entre os sexos, também existem diferenças no modo de perceber, sentir e compreender o que se passa no universo das relações humanas. O que estamos aqui querendo sublinhar é que tais enfoques não são sempre e nem mesmo predominantemente antagônicos. Atualmente, talvez haja mais diferenças no modo como duas gerações sucessivas visualizam as relações conjugais do que na maneira como homens e mulheres de uma mesma geração as situam.

A crescente segurança dos métodos anticoncepcionais e o aperfeiçoamento da fecundação *in vitro,* praticamente dissociando o coito da função reprodutora; os progressos da cirurgia reconstrutiva, permitindo a consumação do transexualismo; a superação de tabus e preconceitos pelo maior conhecimento da fisiologia sexual e dos psicodinamismos da sexualidade humana; o aumento da promiscuidade sexual, com o consequente recrudescimento das doenças venéreas e o advento da AIDS – eis algumas das novas circunstâncias que vêm balizando a discussão sobre a chamada **revolução sexual** no limiar do terceiro milênio, dando lugar a uma bateria de questionamentos sobre o *locus* da sexualidade no contexto existencial dos seres humanos.

O exercício da sexualidade nem sempre esteve atrelado às questões morais, como ocorre na civilização ocidental a partir da tradição judaicocristã. Em muitos povos da antiguidade, como também entre os aborígenes da Oceania e da América, isso não aconteceu. Na Melanésia, por exemplo, a única interdição respeitada é a do tabu do incesto; no restante, a conduta em relação ao sexo é bastante livre de restrições, sendo a nudez consentida, não impedindo as crianças de presenciarem a conjunção carnal dos adultos, favorecendo os jogos sexuais dos impúberes e até mesmo propiciando aos jovens uma verdadeira aprendizagem sexual sob a supervisão de um experimentado mestre. Fica-nos, então, a indagação de o porquê, sobretudo entre os cristãos, o corpo e a sexualidade foram alvos de tanta repressão e repúdio. Uma das explicações aventadas, até certo ponto ingênua, e que, por não poder ser generalizada, não resiste ao mais elementar exame crítico, é a de que o homem civilizado rejeita sua genitalidade por vê-la confundida com as funções excretoras. Parece-nos, contudo, que a justificativa para tal atitude de rechaço à sexualidade reside originalmente na não elaboração das fantasias incestuosas por parte dos que a preconizam. O tabu do incesto, esse sim, parece ser universal e serve de matriz para as inibições sexuais em todas as culturas.

A noção de **pecado**, vinculada ao desejo e à atividade sexual, permeia toda a história da cristandade, desde o mito de Adão e Eva até o dogma da imaculada concepção de Maria. Na fé católica, a virgindade, a castidade, a renúncia aos prazeres da carne e o celibato são associados à ideia de santidade e de salvação religiosa, sendo a quebra dos preceitos, com relação à interdição do sexo fora das finalidades de procriação da espécie, considerada uma violação dos mandamentos da igreja.

Embora as confissões protestantes sejam mais brandas do que o catolicismo nas questões sexuais, até por admitirem o casamento de seus sacerdotes, de uma forma geral, o cristianismo repudia o livre exercício da sexualidade e constituiu-se, até muito recentemente, no maior obstáculo à revisão da questão sexual à luz dos conhecimentos científicos e livres de tabus e preconceitos. Donde se conclui que a religião e a sexualidade sempre se contrapuseram ao longo da história mais recente da humanidade. A assim chamada revolução sexual é, contudo, um processo em marcha, e irreversível, malgrado todos os esforços da religião institucionalizada para sufocá-la ou, ao menos, conter seus avanços.

Tudo isso nos conduz à necessidade de um reordenamento dos valores éticos em relação à sexualidade humana, em razão da caducidade da **velha ordem sexual**, gerenciada pelo espírito religioso, e da ruptura da sociedade contemporânea com os princípios por ela defendidos.

A nova moral sexual, escoimada dos tabus e preconceitos de ordem religiosa, aponta para a possibilidade de superação dos conflitos que violentam a natureza humana, por desconsiderá-la em sua essência instintiva, permitindo que se vislumbre a sexualidade como via satisfatória e criativa para acessar a mais genuína fonte de felicidade que se conhece: a relação amorosa e íntima com outro ser humano.

O resgate da vocação do intercurso sexual para a obtenção do prazer livre de culpas e consequências indesejáveis, e para a veiculação dos afetos e o estabelecimento de vínculos amorosos, é a tarefa primordial desse novo paradigma moral, o qual se esboça na esteira da revolução dos costumes sexuais.

O livre exercício da sexualidade é uma conquista da sociedade contemporânea e, ao contrário do que apregoam muitos moralistas de plantão que vicejam nas sebes da hipocrisia, não será ela a responsável por nenhum apocalíptico desregramento do convívio social e nem ameaçará a sobrevivência da família, que repousa sobre outras primordiais motivações e necessidades humanas.

O argumento derradeiro dos que se opõem a essa salutar renovação do comportamento sexual é o aumento da promiscuidade e dos males dela decorrentes, tais como a maior incidência de doenças venéreas e o espectro da AIDS. Ora, isso é como sugerir que renunciemos ao progresso tecnológico pelos males que dele necessariamente advirão, como se ingenuamente ignorássemos que os inconvenientes não são dos avanços da tecnologia, e sim da cupidez humana que os administra. O uso perverso da sexualidade ou o desvio de seus fins precípuos não pode ser argumento para que nos privemos de todo o manancial de prazer e intercâmbio afetivo que ele nos pode proporcionar.

É inegável o valor intrínseco da sexualidade livremente exercida para a obtenção de uma melhor qualidade de vida. O aperfeiçoamento das práticas anticoncepcionais e o gradativo controle das doenças sexualmente transmissíveis tornarão irrevogáveis as conquistas feitas em nossa época no sentido de garantir aos seres humanos, em geral, e aos jovens em particular, o direito à sexualidade plenamente usufruída, condição indispensável para o enriquecimento afetivo da humanidade.

A família, ao mesmo tempo que regula o exercício da sexualidade humana, tem por ela determinada suas distintas configurações e objetivos. É ela, ainda, o laboratório de experimentação e análise crítica dessa nova moral sexual emergente, como será também a beneficiária imediata de um contexto menos repressor, mais sintônico com as demandas da natureza humana e provedor de um ambiente propício ao reconhecimento e a adequada satisfação das necessidades sexuais de seus membros.

É no seio da família de hoje – e não fora dela como se poderia pensar – que a revolução dos costumes sexuais está a gestar um novo paradigma moral. Esse processo transita *pari passu* com os movimentos reivindicatórios dos direitos da mulher e dos homossexuais, com o questionamento do autoritarismo em todas as suas formas, com a falência da religião como reguladora do comportamento humano e das ideologias políticas como via de acesso às utopias sociais, com o advento das novas tecnologias, com a transição da onda industrial para a era das telecomunicações e, *last but not least,* com a substituição do poder gerôntico pelo poder jovem.

Não há dúvida de que as grandes transformações na relação entre os casais, a partir de meados do século passado, ocorreu na esteira da chamada revolução sexual, pela desvinculação entre o ato sexual e a função de procriar, ensejada pela segurança proporcionada pelos novos métodos anticoncepcionais.

Penso que um primeiro resultado da chamada **revolução sexual** foi o maior conhecimento da sexualidade feminina, o que trouxe melhor compreensão por parte do universo masculino das demandas das mulheres nesta área, mais atenção às suas necessidades e formas de acesso ao prazer e, por consequência, uma crescente preocupação em proporcionar prazer e não apenas obtê-lo nas relações sexuais. Em contrapartida, as mulheres também se conscientizaram de que há outros determinantes por trás do comportamento sexual dos homens que não a mera satisfação instintiva. E, sobretudo, passou a ter mais entendimento de parte a parte com as singularidades das manifestações sexuais de cada gênero.

Há inegavelmente diferenças biológicas muito acentuadas a determinar o comportamento sexual de homens e mulheres. Os homens, habitualmente, tem maior premência a realizar seus desejos sexuais e maior solicitação na frequência em ter relações sexuais, até por razões fisiológicas, como a necessidade de eliminar o esperma acumulado. Por outro lado, no pós-parto, quando o homem deseja retomar com intensidade a vida sexual com sua cônjuge, a mulher vê decrescer sua libido por estar totalmente voltada às funções de amamentação e cuidados com o filho. Essas defasagens biológicas repercutem na maior ou menor necessidade da presença física dos cônjuges, o que introduz a questão do respeito às fronteiras individuais.

Voltando às diferenças entre o comportamento sexual de homens e mulheres, desde que Freud manifestou o quanto era desconhecido e misterioso o comportamento das mulheres, esse passou a ser o foco da investigação e descrição por parte dos estudiosos da sexualidade, de tal sorte que a sexualidade masculina é hoje menos conhecida que a feminina. A biologia, sem dúvida, é fator determinante nas diferenças: a mulher, constituída para ser penetrada e o homem para ser penetrante condicionam a predominância de certos fatores na atração sexual que exercem entre si. A mulher, por sua constituição receptiva, tende a ser mais suscetível à influência da voz e das palavras que lhe são sussurradas ao ouvido no processo de sedução – por isso se diz que elas são **cantadas** pelos homens – ao passo que os homens são mais atraídos pelo visual feminino – o olhar é **penetrante** – donde os cuidados femininos com a imagem e o uso que fazem do corpo como elemento de sedução.

No entanto, nem todas as mulheres concordam com isso. Há mulheres que se dizem excitadas com a visão de um corpo masculino de músculos bem esculpidos. Hoje em dia, há maior quantidade de revistas de nus masculinos ou de casas de *strip-tease* de homens, frequentadas por mulheres, e na internet há cada vez maior exposição de fotos de homens **pelados**. Isso talvez corresponda à repressão das gerações anteriores de mulheres em terem acesso à visão do corpo masculino desnudo.

Ainda com relação à repressão de homens e mulheres com relação às manifestações da sexualidade: os homens não se permitiam obter prazer da manipulação pela mulher de zonas erógenas de seu corpo tidas como femininas, como seus mamilos, assim como não permitiam que ela o excitasse por meio do toque em sua mucosa anal porque isso era coisa de **gay**, assim como as mulheres evitavam exibir seu corpo por inteiro numa primeira relação e preferiam tê-la na penumbra, bem como não se permitiam revelar ao cônjuge as regiões de seu corpo que lhes despertavam mais excitação.

A grande conquista no campo da sexualidade humana em nossa época foi a liberdade para que os casais possam experimentar tudo o que lhes dê prazer em sua intimidade, sem barreiras de qualquer espécie, apenas respeitando as impostas pelo respeito às vontades e desejos do outro.

Muitos casais chegam a nossos consultórios evidenciando que não conhecem suas preferências e idiossincrasias sexuais, sentindo-se ainda envergonhados em falar sobre elas um com o outro. Nossa função como terapeutas é ajudá-los a quebrar suas resistências em conversarem sobre sexo, a se descobrirem e a buscarem um maior prazer em sua conjunção carnal.

Fala-se muito que casais devem chegar a orgasmos simultâneos para evidenciar seu perfeito ajuste sexual. Ora, sabemos que o *timing* em chegar ao orgasmo difere, entre homens e mulheres, sendo mais rápido entre os primeiros. Por outro lado, a possibilidade das mulheres em obter orgasmos sucessivos não é acompanhada pelos homens, que necessitam de um tempo para repeti-los. O respeito a essas diferenças biológicas deve ser priorizado em relação ao "mito do orgasmo simultâneo" como expressão da perfeição de um coito.

Muitas vezes, confunde-se entendimento sexual com eliminar as diferenças quando, na verdade, precisamos conviver com elas e até tirar partido delas. As diferenças devem poder acrescentar, e não subtrair, valor na relação sexual. Homens e mulheres têm diferentes formas de obter prazer sexual, têm orgasmos em ***timings*** diferentes, cuja intensidade depende de fatores tanto individuais quanto decorrentes da maneira como o casal se relaciona sexualmente.

É preciso muito mais flexibilidade nos papéis sexuais em geral. Nas últimas décadas, as mulheres se sobrecarregaram não só por terem ido disputar com os homens espaços no mercado de trabalho sem se aliviarem das tarefas domésticas e cuidados com os filhos, mas até por terem que corresponder às expectativas dos homens na cama. Como os homens, que hoje se exigem em proporcionar orgasmos às mulheres e, quando isso não ocorre, sentem-se frustrados ou incapazes. Muitas vezes, as mulheres também se sobrecarregam com a preocupação em ter orgasmos. É preciso que o homem entenda que para a mulher uma relação também pode ser satisfatória sem que ela atinja o orgasmo, bastando que se sinta num contato íntimo com o parceiro e proporcione a ele o clímax, embora isso seja a exceção e não a regra. Tudo isso requer **conversa**, para ver o que cada um quer ou o que é possível naquele momento.

O exercício mais pleno da sexualidade numa relação conjugal também teve seu ônus, como esse das maiores exigências ou expectativas não só quanto ao comportamento do outro como ao seu também. Há, de fato, uma cobrança entre os homens em proporcionar orgasmo às mulheres e, quem sabe, o surgimento de um novo preconceito: o de que a relação sem orgasmo para uma mulher é indício de incompetência masculina. Paralelamente, o de que uma mulher que não consiga proporcionar uma ereção ao homem é igualmente incompetente, quando sabemos que há muito fatores inibitórios presentes numa perda de potência sexual. Lembre-se da situação emblemática surgida no filme *O Belo Antônio*, em que o personagem de Marcelo Mastroiani só não conseguia ereções com a mulher amada, mas tinha comportamento de garanhão com as demais.

Tudo isso nos leva à conclusão de como é importante que os casais conversem mais sobre a sexualidade para que preconceitos sejam eliminados e mal-entendidos se desfaçam. Essa conversa também deve ser **corporal**, a fim de que seja mostrado o jeito como se gosta. É dizer com palavras, mas também com o gestual: eu gosto disso (que me toques desta forma, de te ver nu ou nua, etc.)... mas detesto aquilo (hálito de álcool, que me masturbes desta maneira, etc.). E com este tipo de atitude, o tempo vai fazendo com que as relações tornem-se cada vez melhores, o metal transformar-se em ouro, acontecendo a verdadeira alquimia íntima.

Embora possa dizer que há mais doação por parte de um homem numa relação sexual para com a parceira do que há um século, também passou a haver mais cobrança de desempenho, tanto por parte dos homens quanto das mulheres. A cama não deve ser transformada em uma arena de competição, em que ambos estão empenhados em mostrar suas competências. A relação deve ser um espaço lúdico na vida do casal, em que possa haver lugar para o brincar. Uma relação sexual é equivalente a um jogo infantil: tem que ser divertido e prazeroso.

Aliás, o bom humor precisa estar presente em todos os demais aspectos da vida do casal. Um casal bem-humorado terá mais chances de fazer da relação sexual um momento divertido e satisfatório.

Outro ponto que acho importante considerar é que o prazer sexual não está necessariamente atrelado a sentimentos amorosos. Dizemos **fazer sexo** e está correto, porque é um ato que se pratica, mas não está adequado dizer **fazer amor**. Amor é um sentimento que, quando, acompanha uma relação sexual, certamente a enriquece muito, muito mesmo, mas podemos ter prazer e até intenso numa relação sem amor, apenas com atração sexual. Podemos sentir amor sem atração sexual ou quando há algum impedimento alheio à vontade dos cônjuges, como doenças incapacitantes ou lesões físicas, que os privam de ter relações sexuais, mas não de se amarem intensamente.

Uma observação corrente é que os homens geralmente querem resolver seus conflitos conjugais na cama, as mulheres não. Para as mulheres, o conflito tem que estar resolvido antes de poderem ter uma relação sexual satisfatória, enquanto para os homens uma relação seria a forma de **fazerem as pazes**. E aí a coisa encrenca...

Habitualmente, os homens não gostam de discutir a relação. Há exceções, é importante que se diga! Há homens falantes ou que usam à exaustão sua condição de **bichos argumentativos** e continuam a discutir a relação mesmo quando suas companheiras já desistiram de fazê-lo. As exceções confirmam a regra.

Outro tema a abordar a esta altura é o da dominação de um sexo sobre o outro. Desde tempos imemoriais que falamos de matriarcados e patriarcados, que outra coisa não é do que a tal **luta dos sexos** para impor seu domínio. E quando isso se apresenta no terreno das relações sexuais, certamente as compromete como fonte de satisfação pessoal e intercâmbio de prazeres. Quando há cobranças ou exercício de domínios, a relação fica ameaçada de ruptura pelo desconforto que causa e pelo gradativo declínio do desejo.

Antes era frequente, principalmente por parte dos homens, dizer ao se casarem **vou me amarrar**. Ora, ninguém gosta de se sentir preso, não é mesmo? Aprisionamento mata qualquer relacionamento. Queremos sentir o cônjuge como alguém que nos valoriza, que nos põe para cima, não como alguém que nos oprime.

Mas e os sadomasoquistas? Estarão a se perguntar os leitores. Querer infringir dor e se submeter voluntariamente a que lhe cause dor é uma perversão, um desvio da normalidade. Mesmo os que julguem isso apenas como uma opção dentro da sexualidade normal, já que ambos afinal têm prazer, e dizem que fora dela os indivíduos não adotam padrões sadomasoquistas no seu comportamento cotidiano e, por isso, não considerem tal conduta anormal, avaliam o sadomasoquismo sexual uma exceção entre os casais.

E o sexo na terceira idade, o que pensar disso?

A ideia de que os velhinhos não têm vida sexual ativa é um equívoco. Não se pode negar que corpos jovens excitam homens e mulheres, mas a sensualidade vai muito além dos corpos, pois depende das fantasias de cada um e daquilo que ultrapassa o terreno da beleza estética.

Houve mudanças significativas na forma de encarar a sexualidade por parte dos idosos. Antes era como se, com o final da idade procriativa, a vida do casal devesse se encaminhar para seu ocaso. E ainda a biologia determinava as diferenças de comportamento: como o homem, em tese, continua fértil até sua morte e a mulher não, era admissível que os homens continuassem se mantendo sexualmente ativos alimentando o mito – talvez nem tão mito assim – de que homens velhos são particularmente atraídos por mulheres bem mais jovens, porém cada vez mais encontramos mulheres se relacionando com homens mais jovens. E – surpresa! – descobriu-se um recrudescimento pelo desejo sexual em mulheres após a menopausa. Essas já não estão mais correndo o risco de engravidar, então sentem-se livres para viver em todo o seu esplendor a vida sexual, o que fascina homens mais jovens e menos experientes.

Sobre as supostas vantagens de um sexo sobre outro, uma vantagem alegada pelos homens é ter um pênis, mas com a qual as mulheres só concordariam em situações muito peculiares, como ter que usar o banheiro sujo de uma lanchonete à beira da estrada. Contudo, há uma vantagem inegável por parte das mulheres: saber que, independentemente de seu desejo, a relação pode acontecer e ela não precisa expor suas dificuldades para o parceiro, a não ser que o queira. As mulheres podem fingir seus orgasmos, já os homens não, e nesse sentido, são mais exigidos quanto ao seu desempenho.

Talvez a verdadeira vantagem das mulheres não é poder fingir, mas saber que o homem não pode fingir para ela. Imagina-se que seja extremamente lisonjeiro para uma mulher, enquanto fêmea, saber que haja uma lisonja equivalente para o homem, não obstante a fisiologia nos recorde que as secreções vaginais são o correspondente à ereção do homem como evidência da excitação e desejo sexual por parte da mulher. Logo, ainda que possa fingir seus orgasmos, a mulher não conseguirá esconder a falta de excitação a um companheiro mais observador. Em suma, mesmo considerando que fingir orgasmos possa ser uma vantagem feminina, não o será levando em conta o sistema casal.

Ao falar sobre vantagens de homens ou mulheres, eu quero lembrar uma frase muito ouvida entre adolescentes das últimas décadas do século passado e que, infelizmente, ainda ouvimos entre mães de hoje alertando suas filhas sobre os perigos das abordagens masculinas: "*os homens só querem se aproveitar, transam e caem fora*". Eis frasezinha bem machista, que identifica preconceitos de tempos idos, quando se achava que o prazer de uma relação sexual era prerrogativa dos homens. Como se as mulheres não pudessem gozar tanto, ou mesmo mais, numa relação sexual, já que a natureza lhes concedeu a possibilidade de orgasmos múltiplos. Esse tipo de preconceito perturba a vida sexual da mulher, pois a leva a ver-se como um objeto de uso e não como um ser que se relaciona, aproveita e goza também. E quem disse que a mulher não pode ver o homem como objeto sexual? Pensar nele só como objeto de desejo e depois cair fora? Algumas relações são apenas uma busca de prazer sexual só e ponto.

Essa visão preconceituosa causa perturbações tanto no homem quanto na mulher e, sobretudo, compromete a sinceridade que deve presidir qualquer contato íntimo. Homens que desejam uma mulher apenas para com ela ter uma experiência sexual se veem propensos a hipocritamente prometerem o que não estão pensando em cumprir apenas para obter **favores sexuais**. O desejo obviamente tem que ser bilateral, mas aí acabam as exigências para uma transa sexual. Se há o desejo de ambas as partes e não há falsas promessas ou expectativas, o caminho está aberto para que ambos possam usufruir da experiência, sem sobrecarregá-la com ideias distorcidas sobre quem está levando vantagens ou desvantagens.

Há algo que necessita de muita conversa por parte do casal para não se tornar motivo de insatisfação e frustração recíproca. Trata-se do que ocorre, principalmente, com adolescentes ou homens jovens, de ejacular precocemente e deixar a companheira insatisfeita. É importante que os homens saibam que não é só com a penetração que a mulher pode chegar ao orgasmo ou à plena satisfação numa relação sexual. Se após um episódio de ejaculação precoce o homem desistir de proporcionar prazer à companheira, sentindo-se um incompetente e vendo-a como inevitavelmente frustrada e insatisfeita, estará alimentando uma dificuldade sexual que mais tarde comprometerá toda a relação do casal. Por isso, o casal deve sempre conversar a respeito, ou melhor, comunicar-se, mesmo que sem o uso de palavras, a mulher dando a entender ao homem que há muitas outras formas de satisfazê-la, se ele quiser.

O equivalente na mulher aos episódios de ejaculação precoce no homem é o vaginismo ou dor à penetração. Quando não houver uma causa orgânica pode expressar que há problemas conjugais e não só na esfera sexual.

O corpo fala, como já vimos. Certas manifestações de irritação na glande ou vaginites após o coito ou ainda a célebre alegação de dor de cabeça para evitá-lo são manifestações que indicam que algo não vai bem na relação e não podem ser escotomizadas pelo casal.

Mesmo situações mais sérias ou crônicas, como impotência masculina ou frigidez feminina, podem estar sinalizando problemas naquela relação em particular e não na aptidão de cada um para exercer sua sexualidade. Lembro o caso de uma mulher que procurou ajuda psicoterápica por uma situação de frigidez, a qual se manteve ao longo de um casamento de vários anos e que, após sua separação, na primeira relação sexual com um novo parceiro experimentou um orgasmo.

Muitas dessas situações estão ligadas às vicissitudes da iniciação sexual, que geralmente eram feitas já no contexto de um casamento **que deveria durar para sempre**. Por isso, os adolescentes hoje têm mais chances de chegarem a uma vida sexual satisfatória como cônjuges por superarem suas inibições e experimentarem suas afinidades previamente. Porém, é preciso dizer que se tornou um mito falar que os adolescentes de hoje não têm inibições ou dificuldades como tiveram seus pais. O ajuste sexual é uma conquista no dia a dia de uma relação e sempre ocorrerão angústias e desacertos na construção de uma parceria sexual duradoura.

A nova ordem sexual é a pedra de toque das transformações nas relações conjugais e, ao considerá-la, não podemos deixar de pôr em evidência o tema do próximo tópico.

A Questão Homossexual

Neste limiar de um novo milênio, a questão homossexual é debatida num amplo espectro que vai desde a esfera da moral religiosa até o âmbito sociopolítico, passando pelo crivo da Ciência.

"O homossexualismo é anormal e antinatural porque contraria as leis da natureza, as quais determina a reprodução das espécies", alegam uns; ao que outros contraponteiam: "a sociedade, como a natureza, autorregula-se, e o homossexualismo, como as guerras e as hecatombes, visa controlar a superpopulação da espécie".

O homossexualismo ainda é tido por muitos como uma perversão da sexualidade e, consequentemente, como o quer Krafft-Ebing (1886), situase no âmbito da psicopatologia, ao que veio opor-se a decisão da Associação Psiquiátrica Americana, em 1973 (quase um século após a publicação do célebre tratado de Krafft-Ebing sobre a psicopatologia sexual), deixando de considerar a homossexualidade como uma perturbação mental.

Biologicamente, há evidências de variações hormonais no tocante aos níveis de andrógenos e estrógenos, particularmente na vida pré-natal dos homossexuais, supostamente relacionadas com a escolha desse comportamento sexual posteriormente. Estudos genéticos também sugerem uma predisposição genética oculta para o homossexualismo, embora análises cromossômicas tenham sido incapazes de diferenciar homossexuais de heterossexuais.

Freud afirmava que a homossexualidade não pode ser considerada uma doença, e sim uma variação das funções sexuais, produzida por certo comprometimento do desenvolvimento sexual. Não obstante essa opinião do criador da Psicanálise, a teoria psicanalítica acabou por compartimentalizar a homossexualidade como a nosologia psiquiátrica requeria e, na sua práxis clínica, continuou considerando-a **um desvio da normalidade**.

A Igreja Católica, embora condene o homossexualismo e o identifique como um pecado, mostra certa ambiguidade ao tratá-lo, desde São Paulo, como de gravidade menor do que a fornicação, o adultério e a própria masturbação, o que parece representar uma contrapartida (ou concessão) às rígidas normas quanto ao celibato religioso; já os espiritualistas e reencarnacionistas atribuem o homossexualismo à persistência de características do sexo que o indivíduo apresentava na reencarnação anterior, quando aquele for diferente do apresentado na atual.

Costuma-se atribuir à civilização greco-romana uma particular tolerância, e até certo incentivo, à homossexualidade, tida como uma forma de amor superior e sublimado, o que, no entanto, é uma visão equivocada, pois, na verdade, o que os gregos e os romanos louvavam era a vitória sobre a paixão amorosa, e a relação platônica entre seres do mesmo sexo era vista, então, como virtuosa, mas a submissão na homofilia passiva era relacionada com a servilidade dos escravos e, por isso, abominada entre os nobres.

Como vemos, muitas e contraditórias têm sido as formas de encarar o homossexualismo bio-psico-sócio-religiosamente. É evidente, contudo, o enfraquecimento da interdição da homossexualidade em nossas sociedades ocidentais contemporâneas.

Talvez o único óbice que reste à conduta homossexual examinada sob a ótica da contemporaneidade seja o que reside no estrito campo do determinismo biológico da preservação das espécies; mesmo assim, cremos que por não muito tempo mais, com a iminente possibilidade de reprodução dos seres humanos pelo mecanismo da clonagem. Quando isso ocorrer, malgrado toda a resistência que o moralismo religioso de plantão faça ao progresso científico, já não haverá nem mesmo essa alegação para colocar-se o homossexualismo noutra rubrica que não a de uma simples variante comportamental como tantas outras na esfera da conduta humana. E, se não uma escolha, uma contingência do destino, como querem os homossexuais, tão imutável quanto o lugar onde nascemos, os pais que nos geraram ou os genes que possuímos.

Então, paralelamente ao final da discriminação com os grupos étnicos (na medida em que os estudos sobre o genoma da espécie o veio igualar), talvez os homossexuais livrem-se para sempre desse ranço preconceituoso que os coloca no limbo da sexualidade humana.

O homossexualismo ainda é pouco conhecido em todas as suas nuances, quiçá até mesmo pelos próprios homossexuais. Assim como Freud referia-se à sexualidade feminina como um território desconhecido e misterioso, penso que ainda hoje a homossexualidade é algo obscuro, mal compreendido e pouco aceito pelos heterossexuais em geral, apesar dos progressos feitos, inicialmente na descriminalização, depois na despatologização e, finalmente, na despreconceitualização a respeito da conduta homossexual.

Há quem pense ainda que uma relação homossexual entre dois homens se resume à penetração do ânus como se esse fosse uma vagina, o penetrador fazendo o papel masculino ou ativo na relação e o penetrado o papel feminino ou passivo, e que homossexual mesmo é o passivo na relação. Ora, além de preconceituosa, essa concepção revela um absoluto desconhecimento da maneira como se relacionam os homossexuais.

E há também quem se pergunte como pode se dar uma relação sexual entre duas mulheres homossexuais se nenhuma delas tem um órgão adequado à penetração, desconsiderando as outras muitas possibilidades de se darem prazer. Ainda para comprovar o quanto se desconhece o que se passa numa relação homossexual entre homens, há quem suponha que a penetração anal é obrigatória para que ela se consuma, desconsiderando a obtenção do prazer por meios diversos como a masturbação recíproca, o sexo oral entre outros. Como também há quem suponha que só quem penetra possa ejacular e que o orgasmo do penetrado não possa ser acompanhado de ejaculação.

Aqui é preciso lembrar que pode haver ejaculação sem orgasmo em heterossexuais ou orgasmo sem ejaculação, em relações repetidas, sem que o organismo possa produzir esperma para acompanhar cada novo orgasmo.

Bem, mas voltemos à questão do sexo entre homossexuais, cujo conhecimento me vem, sobretudo, de pacientes ou casais homossexuais que atendo em minha atividade como terapeuta.

Uma ilustração clínica: tenho um paciente que casou, teve filhos e, um dia, encontrou alguém do mesmo sexo por quem se apaixonou e com quem passou a viver. Ele dizia: "eu me apaixonei por aquele ser, o sexo que ele tinha não me importava. Amei aquela pessoa, independentemente de seu sexo, e queria com ele viver o resto de minha vida. Nunca tive conflitos com minha identidade sexual e nem me imaginava desejando pessoas do mesmo sexo que o meu. Estou satisfeito com o sexo que tenho e me surpreendi ao me ver apaixonado por alguém do mesmo sexo que o meu".

Isso nos recorda a distinção entre homossexualismo e questões de gênero, em que a pessoa sente como se pertencesse ao outro sexo, o que é conflitante e traz muito sofrimento. Nessas situações são que optam por fazer cirurgias para trocar de sexo, configurando o que se denomina transexualismo.

A meu modo de ver, um transexual terá muito mais dificuldade em se realizar sexualmente do que um homossexual, porque não depende apenas de um direcionamento do seu desejo para uma pessoa do mesmo sexo – o que sempre esteve ao alcance de todos –, mas de uma transformação corporal a que só se teve acesso recentemente com os incríveis avanços da técnica cirúrgica em nossa época. Contudo, penso que a principal dificuldade do transexual ao decidir enfrentar a cirurgia reconstrutiva não é a busca de realização sexual, e sim lidar com a troca de identidade de gênero, com todas as suas decorrências, inclusive, adotar um novo nome.

Concluindo...

O novo paradigma da sexualidade humana na contemporaneidade assenta-se na priorização do prazer, e não mais da procriação, na medida em que essa se desvincula do ato sexual.

O modelo emergente nas relações presentes num sistema conjugal pauta-se pelo respeito às vontades individuais, e não mais pelo exercício do domínio sobre o parceiro.

É sobre a dinâmica das relações conjugais, hetero ou homossexuais, que incidem as mais significativas transformações no comportamento humano nessa virada do milênio. E tais mudanças têm se processado, como sugerimos anteriormente, no seio da família e não fora dela, como a um olhar menos atento se poderia supor. É chegado o momento, portanto, de nos determos na análise de alguns elementos que pautam esses novos rumos da família nos dias atuais.

Referências

FOUCAULT, M. et al. *Sexualidades ocidentais.* Lisboa: Contexto Editora, 1983.

FREUD, S. *Três ensaios sobre a sexualidade.* S.E.B. Rio de Janeiro: Imago, 1972.

KAPLAN, H. et al. *Compêndio de psiquiatria.* 7. ed. Porto Alegre: Artmed, 1997.

RAVAlOLI, C. A mulher contra ela mesma. In: *Familie (Historie de le Familie).* Paris: Editions de Connaissances Modernes, Presses Encydopédiques de France, 1971.

KRAFIT-EBING. Psychopathia sexual. In: FOREL, A. *A questão sexual.* São Paulo: Cia. Editora Nacional, 1934.

CAPÍTULO 5

A Família no Mundo Contemporâneo

A Família está em Crise?

A expressão **crise** tornou-se um lugar comum em nossos dias. Fala-se em crise econômica, crise moral, crise religiosa, crise política, crise do casamento, crise das instituições em geral, de tal forma e com tamanha insistência e reiteração que o termo já não mais se reserva para assinalar algum momento ou circunstância de exceção, mas é utilizado para sinalizar uma condição permanente ou um estado de crônica insatisfação à espera de certa providência que, ao chegar, reestabelecerá a situação anterior de suposto equilíbrio e bem-estar ou nos remeterá à possibilidade futura de solução definitiva de um mal-estar pessoal ou social que nos aflige.

Destarte, nossa vida transcorre na vigência de uma crise insolúvel e perene a rondar todos os setores das nossas circunstâncias. — «É a crise!», exclama-se pelas esquinas, como se essa lacônica interjeição resumisse e abrangesse todas as explicações possíveis para as vicissitudes do nosso cotidiano existencial. Já não mais é o universal hábito de referir-se às condições climáticas que introduz a conversação entre dois vizinhos ou quebra o silêncio constrangido entre dois estranhos, mas sim alguma referência que se faça à **CRISE**, assim, maiusculizada e aludida num sentido abstrato de entidade onipresente, quase emulatória ao Deus todo poderoso e a quem se invoca para explicar todo o inexplicável ou se recorre como última instância para justificar os paradoxos da existência.

Ora, na verdade, **crise**, por suas origens etimológicas, apenas significa **decisão, discriminação, juízo** (do grego *krisis* derivado de *krino:* eu decido, separo, distingo, julgo), longe do sentido apocalíptico ou de ruptura com que foi o termo impregnando-se através dos tempos. As crises são um ponto conjuntural ou de mutação necessário – diria até, indispensável – ao desenvolvimento, tanto dos indivíduos como de suas instituições. As crises ensejam o acúmulo de experiências e uma melhor definição de objetivos.

Assim, quando dizemos que a família, hoje, está em crise, isso não significa que seu papel no processo civilizatório deva ser questionado e muito menos que ela esteja ameaçada de destruição como o querem algumas *cassandras* que nos últimos tempos andam anunciando sua morte; quando muito, estaríamos aludindo a mais uma mutação em seu ciclo evolutivo, algo que, quiçá, metaforicamente, poderíamos comparar a um salto quântico para níveis mais satisfatórios de interação humana. A família é, e continuará sendo, a par de seu papel na preservação da espécie, um laboratório de relações humanas, em que são testados e aprimorados os modelos de convivência que ensejem o melhor aproveitamento dos potenciais humanos para a criação de uma sociedade mais harmônica e promotora de bem-estar coletivo.

A família está em crise, sim, para dar origem a novas formas de configurações familiares como as que se esboçam neste limiar do século XXI, adequando-se às demandas desse novo giro na espiral ascendente da evolução humana. E, com a tendência à universalização dos hábitos e costumes, por meio da miscigenação cultural propiciada pelo avanço extraordinário dos meios de comunicação, pela vez primeira na história da civilização humana é possível cogitar a emergência de um mesmo modelo familiar prevalente em todos os recantos da aldeia global, paradigma da sociedade do futuro no planeta em que habitamos.

Evidentemente, muito tempo transcorrerá até que possamos nos referir a um modelo familiar universal. No entanto, já nos é possível visualizá-lo a partir de certos referenciais que pautam as transformações por que passa a família de nossos dias. Ainda que, pela complexidade dos fatores subjacentes a essas transformações, não seja possível considerar isoladamente o papel de cada um, há certo consenso sobre a influência marcante do progresso das ciências biológicas (e, em decorrência, suas repercussões sobre o mecanismo da reprodução humana) e do advento da psicanálise (por sua elucidação das raízes psicodinâmicas do comportamento sexual humano) nas mudanças das relações entre os sexos e, consequentemente, na composição da família contemporânea.

Last but not least, o fenômeno da globalização – aqui tomado não no sentido ideológico, mas de interação entre culturas e países –, tende a homogeneizar o comportamento de instituições humanas como a família em todo o planeta.

A Ciranda do Poder no Seio da Família

O eixo em torno ao qual gravitam as transformações por que passa a família contemporânea, em consonância com o processo evolutivo da sociedade humana, tem como fulcro **as relações de poder** entre seus membros.

A guerra dos sexos, como o conflito de gerações e todos os demais estados de beligerância, é alimentada, em última instância, por uma disputa pelo poder. E o narcisismo humano é o combustível que move homens, mulheres e seus descendentes nesta ciranda em busca do poder, dentro e fora do âmbito da família.

Do domínio do homem sobre a mulher passa-se ao jugo dos pais sobre os filhos, de que nos ocupamos no capítulo anterior, e cuja feição contemporânea aparece sob a rubrica de **conflito de gerações**. A luta pelo poder entre as gerações na sociedade competitiva de nossos dias é polarizada por sentimentos de inveja recíprocos: os pais invejam nos filhos o vigor físico e as suas possibilidades de usufruir no futuro as benesses do acelerado progresso tecnológico; os filhos, por sua vez, invejam nos pais o poder econômico que os leva a, por seu intermédio, monitorarem o destino dos filhos. E fala-se agora numa filiocracia, ou tirania dos filhos, como reação à patercracia de direito e à matercracia de fato na chamada família tradicional, de raízes judaico-cristãs. Como, pois, discutir a instituição familiar sem considerá-la uma instância promotora dos desígnios do Poder?

Todo o agrupamento humano serve aos propósitos de instrumentalizar a busca de alguma forma de poder para (ou entre) seus membros. A família não foge a essa regra. Como as demais instituições humanas, ela desvia-se de seus objetivos originais para servir a propósitos de busca de estados de poder que favoreçam um ou outro de seus componentes. Se, originariamente, a família visava assegurar a sobrevivência dos descendentes e servir de continente para as necessidades físicas e emocionais de seus elementos constituintes, foi ela, paulatinamente, adquirindo a feição de uma agência modeladora dos desejos, pensamentos e ações de seus membros, a serviço de intenções hegemônicas dos que detinham o poder no seio da família.

Entretanto, indagarão alguns, a luta pelo poder no seio da família não existiu sempre? Filicídios e parricídios ao longo da história não são testemunhos eloquentes disso? Sim, indubitavelmente. No entanto, o próprio processo em curso de **democratização** da família, com o reconhecimento ao direito dos filhos moldarem seus próprios destinos, e a equiparação social dos cônjuges, trouxe a necessidade de encontrar outros pontos de equilíbrio na distribuição do poder e, com isso, quiçá, intensificaram-se as reivindicações de parte a parte, no afã de cada um assegurar uma **fatia maior do bolo**, para usar uma expressão derivada de nosso cotidiano consumista.

Quando anteriormente nos referimos à etimologia da palavra **família** e a conotamos à ideia de **servidão**, aludindo à natureza possessiva das relações familiares, sugeriu-se que a família era uma instância promotora dos desígnios do Poder. O eixo em torno ao qual gravitam as transformações por que passa a família contemporânea gira no mesmo compasso do atual momento evolutivo da sociedade humana, empenhada em questionar as relações de poder entre seus vários estratos. Não se pode, portanto, entender a família de hoje sem analisá-la à luz da busca de um novo equilíbrio no jogo de poder entre seus membros: entre marido e mulher, em função da nova ordem sexual e da redistribuição de seus papéis tanto no contexto familiar como no mercado de trabalho; entre pais e filhos, pela ascensão do poder jovem e pela consequente revisão da autoridade parental; e entre irmãos, pela necessidade de substituir posturas de rivalidade por um padrão de cumplicidade e solidariedade para fazer frente ao mundo competitivo de nossos dias.

A Família da Aldeia Global

Dizíamos anteriormente que, pela primeira vez na história do processo civilizatório, estamos a ponto de presenciar a emergência de um modelo paradigmático da estrutura familiar que seja de caráter universal, isto é, comum a todos os povos e prevalente em todas as latitudes. Isso ainda não ocorreu, mas a globalização dos hábitos e costumes humanos, pela expansão dos meios de comunicação, e o encurtamento das distâncias, tanto físicas como culturais, faz-nos supor que muito em breve essa será uma realidade configurada.

Falar, então, numa família da **aldeia global**, em que nos tocou viver, segundo a expressão de Mc Luhan alusiva a esta uniformização sociocultural para a qual o mundo caminha, já é, de certa forma, pertinente.

Essa família vem, contudo, assumindo em seu processo gestacional, configurações as mais diversas e polimorfas, proteimorfismo este que, de resto, é uma propriedade dos sistemas em transformação. Para melhor reconhecê-la em seu périplo evolutivo, vamos identificar algumas das distintas modalidades estruturais com que se apresenta.

Configurações Familiares

Por **configurações familiares** entendemos o modo como se dispõem e se inter-relacionam os elementos de uma mesma família. Podemos representá-la graficamente a partir do *genetograma,* ou seja, do recurso simbólico com que sinalizamos as três relações básicas da estrutura familiar: **aliança conjugal**, **filiação** e **consanguinidade**. Conservamos aqui a denominação **genetograma** em lugar de **genograma**, expressão que surgiu para designar o exame laboratorial realizado para determinar a constituição genética de um indivíduo.

Genetograma 1

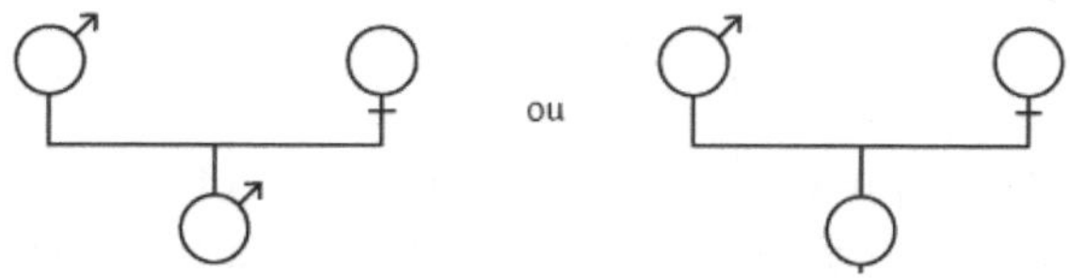

A configuração familiar mais simples ou elementar é a da **família nuclear**, constituída por pai-mãe-filho, representada acima.

Genetograma 2

Ainda na família nuclear, num nível um pouco mais complexo pela inclusão do elemento irmão ou irmã, teremos a seguinte representação gráfica:

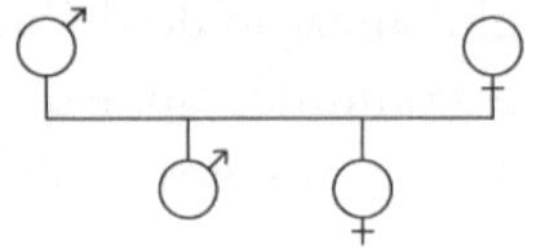

Ou seja, uma família constituída pelos pais e dois filhos de sexos opostos.

Genetograma 3

Sucessivamente, pelo aumento do número de gestações, podemos ter uma família nuclear constituída como a que se segue:

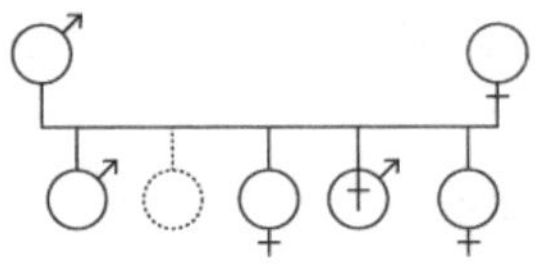

(1) Em que (1) representa um aborto sem sexo definido e (2) um filho morto, cujo nascimento tenha ocorrido entre as duas filhas.

Genetograma 4

Se passarmos a considerar as famílias extensas, nas quais avós e pais coabitem, temos o exemplo:

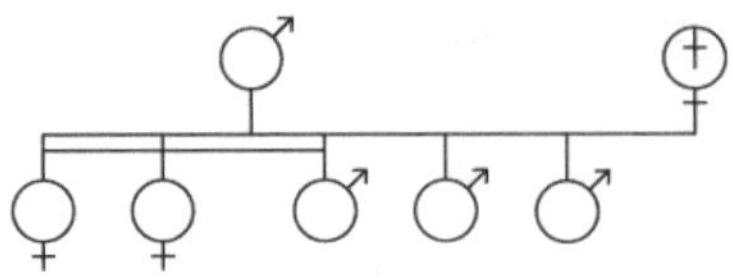

Significando que o filho mais velho de uma família de três filhos homens vive com seu pai viúvo, a mulher e uma filha, ou seja, que o avô paterno mora com seu filho mais velho, a nora e a neta.

Com a introdução de outros elementos na estrutura familiar (tios, filhos de matrimônios anteriores de um dos pais, parentes distantes ou agregados que coabitem), podemos configurar famílias de complexidade crescente e variável.

Quiçá, justamente a característica primordial das famílias da aldeia global, seja sua complexidade quanto à configuração familiar, propondo--nos verdadeiros desafios à sua representação gráfica pelo genetograma.

Genetograma 5

Vejamos algumas dessas possíveis configurações de famílias contemporâneas em função da ocorrência de separações conjugais e eventuais recomposições familiares, delas decorrentes, partindo sempre das situações mais simples para as mais complexas:

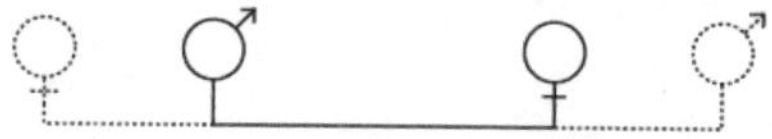

Um casal sem filhos constituído a partir de dois casamentos anteriores desfeitos e igualmente sem filhos.

Genetograma 6

Outro exemplo:

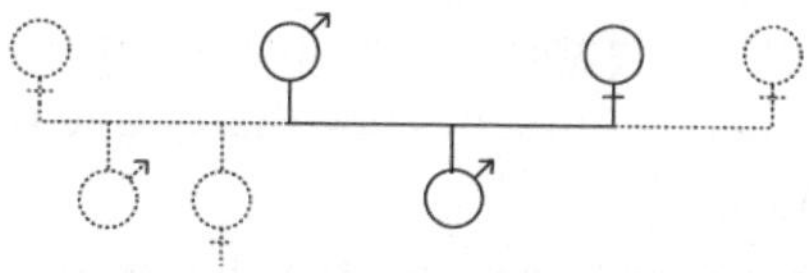

Um casal com um filho, cujo cônjuge masculino vem de um casamento anterior com dois filhos de sexos diferentes, cujo cônjuge feminino vem de um casamento anterior sem filhos.

Genetograma 7

Mais outro exemplo:

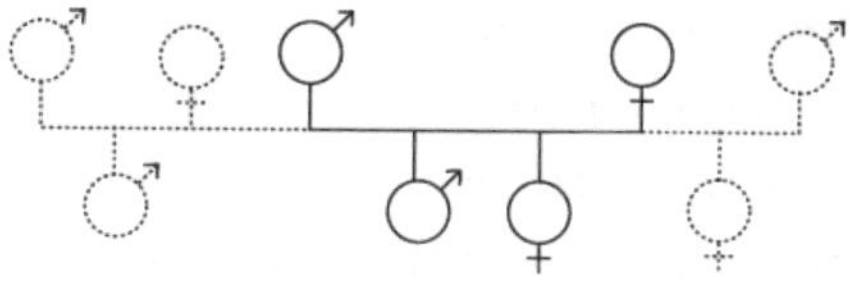

Um casal com dois filhos de sexos diferentes, cujo cônjuge masculino vem de um casamento anterior sem filhos, cuja ex-mulher constituiu novo par conjugal, do qual resultou um filho. O cônjuge feminino, por seu turno, também vem de uma ligação anterior, da qual nasceu-lhe uma filha.

Genetograma 8

Um último exemplo:

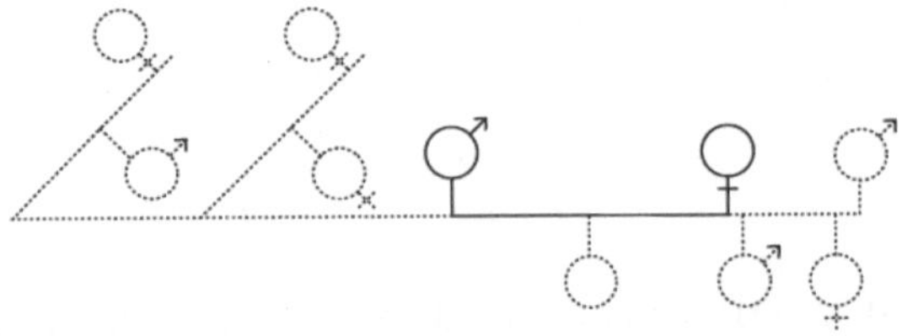

Na situação representada, o cônjuge masculino tem dois casamentos anteriores, com um filho do primeiro e uma filha do segundo, e a cônjuge feminino tem um casamento anterior com dois filhos de sexos diferentes. Da atual ligação, apenas resultou uma gestação interrompida ou aborto espontâneo. Lembre-se de que a parte tracejada do gráfico corresponde a outras configurações familiares que poderão ter seus próprios desdobramentos.

Como vemos, as configurações familiares surgidas a partir da contingência dos casamentos desfeitos e das novas composições matrimoniais são praticamente ilimitadas. Essa circunstância deu origem a um novo perfil das famílias de hoje, do qual nos ocuparemos no tópico seguinte.

Reconstruções Familiares

As separações conjugais, cuja incidência maior no mundo ocidental as retiram da condição de exceção para colocá-las como ocorrência frequente na trajetória dos casamentos contemporâneos, vêm sendo responsáveis pela emergência de uma mutação familiar de transcendental importância nestas últimas décadas. Refiro-me ao surgimento das **famílias reconstruídas** a partir de remanescentes de casamentos anteriores. Essa, se não é uma situação inédita na história da instituição familiar, passa a sê-lo quando consideramos as peculiaridades dessas novas estruturas familiares e a abrangência do fenômeno em sua inserção sociocultural. Essas famílias reconstituídas trazem uma nova realidade vivencial e o estabelecimento de vínculos que não estão prefigurados na família de corte tradicional, seja ela nuclear, extensa ou abrangente.

As reconstruções familiares acarretam, obviamente, mudanças significativas no campo relacional familiar, provocando a emergência de situações sem precedentes, para as quais não há experiências prévias na evolução da família que possam servir de referência para balizar o processo de assentamento sociocultural dessas novas formas de convívio familiar.

As dificuldades ensejadas pelo ineditismo dessas situações já se anunciam quando precisamos nomear certos papéis familiares emergentes nas reconstruções de famílias e não encontramos forma de designá-los adequadamente com a utilização, por equivalência, de termos já comprometidos para identificar papéis distintos, ainda que similares. Por exemplo, as expressões **padrasto** e **madrasta**, até agora empregadas pelos filhos de uma viúva ou viúvo para designar, respectivamente, o novo marido ou mulher de sua mãe ou pai, já não preenchem os requisitos para identificar corretamente o novo companheiro ou companheira da mãe ou pai que se divorciou ou desfez uma ligação anterior.

Certo adolescente, quando confrontado com a necessidade de nomear o novo companheiro de sua mãe divorciada, referiu-se a ele como "o meu padrinho", aproximando, assim, a situação por ele vivenciada da conotação original do termo escolhido, pois **padrinho** significa *aquele a quem os pais* (no caso, a mãe) *escolhem para ocupar o lugar do pai na eventual falta deste.*

Não seria demais lembrar que **padrasto** e **madrasta** são também termos com significados originais pejorativos e, mormente, pela maneira como têm sido utilizados na literatura infantil, associados a ideias de **crueldade** e **rejeição**. A resistência por parte dos filhos de pais divorciados em empregar tais termos para nomear os novos companheiros de seus pais talvez esteja apenas sinalizando a aspiração de quererem com eles manter uma boa relação.

Por outro lado, as reestruturações familiares suscitam a necessidade de considerar não só as disposições formais dessas novas configurações familiares, mas, sobretudo, seus psicodinamismos e as vicissitudes decorrentes da convivência entre membros de distintas famílias de origem. A própria expressão **famílias de origem**, anteriormente reservada às famílias de onde provêm os nubentes, atualmente possui um sentido ambíguo, pois também é usada para identificar as famílias em que nasceram os filhos de pais separados.

Os conflitos de lealdade que surgem entre os filhos de pais separados, a questão do exercício da autoridade sobre os filhos próprios e alheios e (outra vez a carência de termos apropriados!) os que provêm de casamentos anteriores do outro cônjuge, a convivência entre irmãos, meios-irmãos e (como chamá-los?) irmãos **circunstanciais**, a duplicidade de lares, os pais de final de semana, os avós **postiços** e a presença fantasmática (quando não acintosamente manifesta) dos **ex-cônjuges** no dia a dia das novas famílias – eis aí alguns elementos a apontar a complexidade e dramaticidade que permeiam o contexto das famílias reconstruídas.

A transcendência sociocultural desse fenômeno contemporâneo das famílias reconstruídas pode ser aquilatada quando pensamos que até o tabu do incesto terá que ser recontextualizado à luz de certas situações nelas encontradas: será incestuosa a relação entre o que chamamos há pouco de irmãos **circunstanciais**, ou seja, entre, por exemplo, o filho do primeiro casamento de sua mãe com a filha do casamento anterior do atual companheiro de sua mãe?

Como vemos, as reconstruções familiares constituem-se, não só para os que delas são participantes como para os que as estudam e tentam compreendê-las, um território prenhe de desafios e perplexidades. Voltaremos a palmilhá-lo mais adiante, ao propor um enquadre em que é possível melhor investigar e entender a família contemporânea em todo o proteimorfismo de sua constituição.

E a Família do Futuro?

Alvin Tofler, renomado futurologista e estudioso do que chama **ondas civilizatórias**, assim resume sua ideia da família do futuro: Vejo a sociedade evoluindo para um período em que brotam, florescem e são aceitas muitas diferentes estruturas de família. Seja a cabana eletrônica com papai, mamãe e o filho trabalhando juntos, ou um lar de um casal cada qual com sua carreira, ou único progenitor, ou uma dupla de lésbicas criando uma criança, ou uma comuna ou qualquer número de outras formas, haverá pessoas vivendo nelas, o que sugere uma variedade muito mais ampla de relacionamento homem-mulher do que existe hoje.

Gostaríamos de iniciar o exercício prospectivo sobre a família de que trata este tópico justamente por essa questão colocada por Tofler ao final do parágrafo anterior: o relacionamento homem-mulher. O próprio Tofler observa que "ao deixarmos de uma vez por todas uma economia baseada no poder do músculo e passando para outra que se radica no poder da mente, isso elimina desvantagens fundamentais no caso das mulheres". Efetivamente, a igualdade de direitos, deveres e opções entre os sexos é a pedra de toque das transformações por que passa a família contemporânea e se projeta no futuro sob a forma de um novo padrão relacional entre homem e mulher, no qual a força física deixa de funcionar como fator de desequilíbrio.

Por outro lado, se a revolução sexual neste século foi monitorada pela desvinculação entre o prazer sexual e as funções reprodutivas, a do próximo será marcada, ao que tudo indica, pela separação entre o processo de reprodução e as funções de paternagem e maternagem.

A reprodução *in vitro,* as **barrigas de aluguel**, as denominadas **produções independentes** das mães solteiras, a possibilidade do homem gerar um filho em seu ventre, ainda no terreno das especulações, mas não mais uma impossibilidade neste **admirável mundo novo** das tecnologias, tangenciando milagres de outrora, e, *last but not least,* a hipótese de que os progressos da engenharia genética permitam a clonagem de seres humanos com a reprodução dos mesmos, totalmente desvinculada dos processos naturais de fecundação e gestação, reservando em definitivo o coito à função de proporcionar prazer a seus praticantes – eis alguns elementos de impacto capazes de, por si só, trazer novas e mais profundas alterações na estrutura da chamada família tradicional. Para tornarmos mais concreto o significado dessa afirmação, tome o inusitado de algumas situações decorrentes de certas conquistas da medicina no setor reprodutivo, como a condição da mãe que **empresta** seu ventre para a filha histerectomizada para que nele geste o produto da união das células reprodutivas dela e de seu genro: ela será, pois, avó de seu filho que, por sua vez, além de ser filho de sua avó, será irmão de sua mãe e cunhado de seu pai. Incrível, não é mesmo? Já pensaram nos reflexos de tal situação sobre o processo da aquisição da identidade dessa criança?

Quando a ficção científica torna-se realidade, somos confrontados com a inevitabilidade de uma mudança de paradigma, no caso presente, nas relações familiares.

Não obstante, mesmo quando a geração de um novo ser já não depender do intercurso sexual entre seus pais e sua gestação já não necessitar do útero materno para nele se processar, ele necessitará ainda do equivalente às funções de parentagem para sobreviver e se desenvolver.

A condição neotênica do ser humano, ou seja, seu despreparo para sobreviver pela precariedade de seu equipamento sensório-motor por ocasião do nascimento, talvez venha, num futuro mais remoto, a ser superada pelo progresso tecnológico, mas este não aposentará a necessidade de contato e convívio com outros seres da espécie para o desenvolvimento físico e emocional dos bebês humanos.

E como será, então, a família de amanhã? Um microcosmo em que se experienciarão novas modalidades de relacionamento humano? Uma espécie de laboratório em que o respeito à privacidade e à relativização das tendências gregárias do ser humano os manterão protegidos da massificação das megalópoles em formação?

E os lares, para que servirão? Serão eles instituições voltadas para fins públicos como foram na antiguidade greco-romana ou microcentros de convívio e lazer? Ou, ainda, seriam os lares substitutos do escritório ou da oficina de trabalho, algo como a **cabana eletrônica** de Tofler, cujos *inputs* e *outputs* permitirão o contato e a extensão em profundidade com o mundo exterior sem ter que sair de casa e onde a atividade laborativa poderá voltar a ser compartilhada por todos os membros da família como o foram no passado nas populações rurais?

Essas são indagações que nos são suscitadas pelos rumos que tomam as mudanças na estrutura familiar acarretadas pelo impacto dos avanços tecnológicos na sociedade contemporânea. Entretanto, a par dessas transformações que se radicam nas consequências do progresso do conhecimento humano sobre o controle de suas condições físico-ambientais, há outro nível transformativo, o qual se processa no âmago da natureza humana e que, a meu ver, se articula com a mitigação dos impulsos narcísicos do homem e o consequente abrandamento de sua inclinação para o exercício do poder sobre seus semelhantes.

Tanto a maturidade dos indivíduos, considerada isoladamente, quanto a dos grupos e das instituições que os formam, repousa sobre a renúncia à condição onipotente original, que é a do bebê que vem ao mundo com a ilusão de que este e aqueles que o habitam estão aí para servi-lo.

A trajetória em direção ao amadurecimento emocional pressupõe a paulatina aceitação das limitações humanas e a renúncia à fantasia de que somos o centro do universo. Penso que a maturidade da família e a sua evolução em direção a ela se alicerça em postulados similares, ou seja, a instituição familiar tende a evoluir para níveis mais satisfatórios de interação entre seus membros e para uma maior aproximação da sua destinação histórica na medida que, gradativamente, possamos abrir mão do primado da posse e do domínio de uns sobre os outros no contexto familiar, ou seja, assim que aceitarmos o universo familiar como uma realidade vivencial compartilhada por todos em relações de reciprocidade e mutualidade. Para usufruí-lo em toda sua plenitude, é preciso renunciar à fantasia de que ele, o universo familiar, nos pertence ou só existe para atender a nossas necessidades e desejos.

Por outro lado, assim como o bem-estar psicossocial do indivíduo está intrinsecamente vinculado à aceitação de sua finitude, o bem-estar familiar é indissociável da aceitação de que a família é um grupo fadado a dissolver-se tão logo cumpra suas funções de ensejar a constituição de novas famílias, estabelecendo um *continuum* de unidades sociais que permitam a perpetuação da sociedade por meio de suas células-mater. A família que aceita sua finitude permite, *ipso facto,* o crescimento individual, a autonomia e a diferenciação de seus membros, tornando-se mais apta a se desenvolver satisfatoriamente dentro dos limites previsíveis de sua ação e existência, ao passo que a família que nega sua transitoriedade e mantém seus membros aglutinados numa perene disposição à possessividade uns dos outros deixa de funcionar como um continente adequado para a definição e manutenção das diferenças humanas e, com isso, estiola seu papel cultural e adoece como organismo social.

A aceitação por parte dos pais de que não são donos do destino dos filhos, e que é inevitável sua perda pelo crescimento e disposição a formar novos e distintos núcleos familiares, e a correspondente aceitação por parte dos filhos de que não podem deter o envelhecimento dos pais nem assegurar sua onipresença protetora são condições básicas para balizar a maturidade de um grupo familiar.

Na obtenção dessas condições reside não só o maior desafio à família do futuro como também a promessa de sua maior conquista em seu périplo evolutivo através dos tempos.

Referências

OSORIO, L.C. *Adolescente hoje.* Porto Alegre: Artmed, 1989.

TOFLER, A. *Previsões* e *premissas.* Rio de Janeiro: Record, 1983.

CAPÍTULO 6

Fases da Vida do Casal

Faremos agora uma rápida incursão sobre as fases da vida de um casal como se apresentam ao longo do ciclo da vida familiar, pontuando que não tomamos a sequência apresentada como padrão ou modelo da **normalidade** de um casal, mas apenas utilizando-a para acompanhar a trajetória de um relacionamento conjugal nos distintos momentos e circunstâncias possíveis de ocorrer ao longo desse processo.

Cada vez mais encontramos casais que, por determinação própria, não percorrem certas fases aqui mencionadas, como as que incluem a geração de filhos ou o envelhecer juntos ou que, por reconstituírem suas relações com outros parceiros ao longo da vida, interrompem a sequência em um relacionamento para continuarem em outra relação conjugal. Desses nos ocuparemos mais adiante.

Não obstante, achamos que esse capítulo se torna necessário para introduzirmos o tema da busca da alquimia íntima, e ainda, para servir de referência sobre o que permanece e o que mudou nesses casais em transformação de nossos tempos.

Experimentando-se como Casal na Adolescência

Diz-se que uma criança está em prontidão para o aprendizado escolar quando mostra sinais de que pode ser alfabetizada. De maneira similar, os adolescentes estão em prontidão para aprenderem a se relacionar como casal quando mostram sinais de que podem se apaixonar.

Fazer uma escolha de cônjuge ao estar apaixonado é um risco, segundo alguns, pois a paixão é um estado onírico em que a capacidade de julgar está comprometida. Dizem também que na paixão não se ama o outro, e sim, a si mesmo espelhado no outro, o que impede que se discrimine o alvo da paixão em sua real dimensão humana. Sair do estado de apaixonamento é passar a olhar o outro como ele é, e não como imaginamos que seja. Todos nós gostamos de nos sentir apaixonados e essa, com certeza, é a principal forma de nos aproximarmos de outra pessoa com vistas a formarmos um casal. Inegavelmente, a paixão é o modo como o desejo de formar um casal se evidencia, principalmente – mas não só! – na adolescência. E é por aí que temos que começar a discutir esta fase inaugural do ciclo da vida de um casal.

Adolescentes apaixonam-se e, nesse estado, experimentam diferentes graus de intimidade com o objeto de sua paixão. E é justamente na gradação da intimidade permitida pelos costumes e pela cultura que residem as diferenças de como se processa essa experiência de relacionamento inaugural, como casal, dos adolescentes. Em tempos idos, a paixão consumia-se com um mínimo de contato físico, o que não ocorre com os adolescentes de nossos dias, habilitados a traduzir, na linguagem corporal, toda a intensidade de suas paixões.

Os adolescentes de hoje têm mais oportunidades de se conhecerem e terem intimidade física antes da constituição do casal, o que lhes possibilita, em nosso entender, maior capacitação para escolhas mais adequadas. Na verdade, até poucas décadas atrás, se casava praticamente com quem ainda se desconhecia e havia grande probabilidade de que essa pessoa não correspondesse ao esperado, pois, a pouca convivência e a tendência que se tem de revelar primeiro as qualidades ao invés dos defeitos, no início de um relacionamento, e a habitual idealização da pessoa amada, predispõem a uma natural distorção da realidade, a qual trazia, como consequência, a constatação, após alguns meses de vida em comum, que estávamos casados com um estranho.

Assim, tanto ontem quanto hoje sempre houve e há defasagens entre a prontidão física e a emocional para o relacionamento conjugal. Os corpos estão preparados para o intercâmbio sexual, e até mesmo, para a fertilização e geração de filhos, certamente antes que estejam as mentes dos adolescentes que vivem e se desenvolvem entre nós, ao contrário do que ocorre, por exemplo, entre as populações indígenas, o que mostra a importância dos fatores socioculturais na determinação dessa prontidão para a vida adulta e para os relacionamentos conjugais. E, como uma das características do pensamento adolescente é a onipotência ("nada de errado pode me ocorrer"), geralmente eles não tomam os cuidados necessários – por exemplo, o uso de métodos anticoncepcionais – e, por isso, muitas vezes, são surpreendidos com uma gravidez indesejada ou ficam expostos a doenças sexualmente transmissíveis, entre elas a AIDS.

Quanto à surpreendente incidência da gravidez em adolescentes, mesmo com o maior esclarecimento sobre a maneira de evitá-la, há de se levar em conta que os seres humanos, em geral, têm uma grande necessidade de comprovar sua fertilidade, como parcela de sua autoestima, e essa atitude predispõe os jovens a se exporem ao risco de engravidar para confirmarem sua condição de indivíduos férteis.

Muita coisa mudou no modo como os adolescentes de cada gênero são introduzidos no relacionamento sexual e conjugal de duas a três gerações para cá. Se aos meninos estimulava-se, até precocemente, a iniciação sexual, geralmente feita com prostitutas ou mulheres com as quais não tinham qualquer vínculo afetivo, às meninas proibia-se qualquer intimidade física, sob a égide do tabu da virgindade. Isso, obviamente, acarretava distorções e sérios prejuízos para a conjugalidade, constituída, posteriormente, sob o manto do machismo preconceituoso e com o despreparo de ambos os sexos para assimilarem as necessidades e expectativas de cada qual no relacionamento proposto.

Sem dúvida, hoje, são menores as angústias quanto a uma primeira relação sexual para ambos os sexos, a qual tende a ser muito mais satisfatória quando se processada entre dois adolescentes apaixonados, o que diminui a possibilidade de que se instalem traumas ou comprometimentos do desejo sexual na vida conjugal posterior, seja esta uma continuidade dessa primeira experiência ou não. Com o gradativo arrefecimento do machismo e a quebra do tabu da virgindade, ao contrário do que se pensava, criou-se um clima de muito maior respeito para com as mulheres e um honesto desejo por parte dos adolescentes homens de conhecerem as singularidades do desejo sexual feminino e, consequentemente, seu empenho em satisfazê-lo. Em contrapartida, há por parte das adolescentes mulheres maior compreensão das demandas sexuais dos homens, e das inibições que ocultam em função de sequelas da educação machista.

Uma parcela considerável de pais e da sociedade ainda se escandaliza com o **ficar** de seus filhos adolescentes, correlacionando-o com a inclinação à promiscuidade e à banalização da atração sexual. O **ficar** de hoje corresponde ao namorar ou **dançar agarradinhos** de ontem, ou seja, formas de experimentar-se na intimidade dos corpos e avaliar se a tal **química**, condição para um bom relacionamento sexual posterior, se processa. Se o grau de intimidade possibilitado pelo **ficar** é inegavelmente maior do que o namoro de antigamente, não significa, com certeza, nenhuma tendência à promiscuidade. Há casais de adolescentes de hoje que **ficam** toda a noite com um mesmo par – e esses são aqueles em que a **química** mostrou alguma compatibilidade – assim como há os que **ficam** com vários, tal qual acontecia na geração de seus pais ou avós: havia os que dançavam toda a noite com o mesmo par ou não.

As significativas mudanças nos costumes e na moral sexual da metade do século passado para cá influenciaram sobremaneira o comportamento dos adolescentes nessa fase de experimentação da conjugalidade. Em nosso entender, as mudanças foram para melhor. Elas geram um clima de maior confiabilidade entre os jovens, com menos hipocrisia e mais espontaneidade na comunicação pais/filhos adolescentes, permitindo que essa fase de **estudos preliminares** para a escolha do parceiro se faça com a extensão e profundidade que requer uma escolha tão importante quanto a de quem irá compartilhar alegrias, sofrimentos, expectativas e frustrações, responsabilidades e decisões, em momentos tão significativos de suas vidas.

Quando pensamos no cuidado e tempo que dedicamos à escolha do que incorporamos ao nosso patrimônio, tanto maiores quanto maior for seu valor, podemos aquilatar a importância que adquire a maneira como procedemos à eleição do cônjuge. Se, para comprar um carro não abrimos mão de um **test drive**, como imaginar a possibilidade de casar com quem não se conhece sexualmente, com quem não coabitou por certo período e não experimentou a convivência no cotidiano das rotinas da vida profissional e doméstica?

Constituindo o Casal

Tempos houve – e não muito distantes – em que formar um casal era sinônimo de casamento ou união de dois seres de sexos diferentes para constituir uma família, estabelecendo entre eles um contrato cível ou religioso para institucionalizar a união. Entretanto, pode-se dizer o mesmo, hoje em dia, com tantos relacionamentos informais, com casamentos entre homossexuais, recasamentos entre indivíduos provindos de uniões anteriores, acordos com interesses outros que não a constituição de uma família, e assim por diante?

Os casais de hoje – o que permanece e o que mudou na sua constituição – é, pois, o que será oferecido na reflexão desse item.

Nas gerações passadas, quando um casal era constituído, esperava-se que, para sua felicidade futura, pudesse ter uma boa complementaridade, ou seja, que um pudesse suprir o outro do que, por hipótese, faltava-lhe. Usava-se até a analogia com a conformação dos genitais da espécie para comprovar a necessidade desse **encaixe** para uma boa relação. Assim, esperava-se que o marido fosse um esforçado e competente provedor da casa e a mulher uma dedicada e eficiente dona-de-casa e ama de seus filhos – e que ambos pudessem se sentir contentes e realizados na execução das funções que lhes eram atribuídas pelo consenso sociocultural – para que a felicidade conjugal se instalasse. Sexos com papéis bem definidos e complementares era a receita para o sucesso do casal.

Concomitantemente, supunha-se que os cônjuges, assim tão diferenciados nos papéis ou nas tarefas que lhes eram adjudicados pelo modelo vigente, deveriam se fundir num mesmo projeto de vida e ter concepções semelhantes quanto a valores morais, maneira de criar os filhos e estabelecer sua vida social. Isso geralmente era obtido pela sujeição da mulher ao ideário do marido e aos seus objetivos existenciais.

Ora, com o movimento feminista e a consequente ocupação dos espaços, outrora monopolizados pelos homens no mercado de trabalho, alijando as mulheres da busca de sua realização profissional fora do lar, e com a crescente conscientização, por parte dos homens, do quanto lhes era subtraído pela falta de maior convívio com os filhos e participação nos afazeres domésticos, houve uma ruptura no modelo secular que balizava a constituição de um casal.

A viabilidade e o bem-estar dos casais que se constituem agora não mais repousam numa suposta uniformidade de seus projetos de vida ou numa divisão de atribuições profissionais e domésticas, mas, antes, no reconhecimento dos direitos de que ambos tenham distintos objetivos existenciais e possam compartilhar a responsabilidade de prover o sustento da família e os cuidados com a descendência.

A satisfação nas relações conjugais passa não só pela aceitação das diferenças, mas pelo reconhecimento de que essas, longe de afastarem o casal como se pensava, os aproxima e enriquece a experiência compartida.

Antes diziam que quanto mais os componentes de um casal se parecessem, mais chances tinham de alcançar a felicidade conjugal. Dois velhinhos que, ao longo de seu convívio, revelassem seu parentesco até nas feições e na mímica eram saudados como modelo de casamento bem-sucedido. E talvez o fosse noutro momento histórico e contexto sociocultural. Mas os tempos, como as estações, trazem mudanças, e já não podemos nos vestir no verão como fazíamos no inverno, sob pena de sufocarmos sob o peso e calor dos agasalhos. Vivemos dias de buscas de relacionamentos mais ***lights***, em que os limites entre as individualidades possam ser bem definidos para que não se sacrifiquem as liberdades de escolha em nome de uma pretensa (e raramente obtida) harmonia conjugal. Para retratar o segredo da boa convivência no seio de um casal, mais do que nunca, é válida a metáfora dos porcos-espinhos, os quais devem se aproximar o bastante para que o calor de um corpo aqueça o outro, mas manter-se suficientemente afastados para que não se espetem mutuamente com seus espinhos.

Entretanto, o que, então, teria permanecido na união conjugal?

O desejo de experenciar intimidade física com alguém que possua uma **química** compatível com a nossa e a necessidade de compartilhar afetos, sonhos e projetos (entre eles, por suposto, a constituição de uma família) são razões suficientes para que se mantenha a motivação para a vida conjugal.

Parodiando Lavoisier, poderíamos dizer que na vida conjugal "nada se perdeu, nada se criou, mas tudo se transformou, para que níveis mais altos de satisfação entre os cônjuges pudessem ser obtidos e a instituição do casamento, ainda que radicalmente modificada, não perecesse".

Recém-Casados

Consideramos que esta fase se inicia quando os cônjuges decidem morar juntos, independentemente de seu estado civil. Isso já denota uma diferença relevante em relação aos casais de uma ou duas gerações atrás, cuja vida conjugal era geralmente inaugurada com a cerimônia do casamento cível ou religioso e a tradicional lua-de-mel.

Esse é um período marcado por grandes expectativas de um em relação ao outro e fonte constante de frustrações quando essas expectativas não são correspondidas. Por isso, consideramos que seja um dos momentos mais difíceis da relação de um casal. São duas pessoas distintas, com diferentes vidas familiares prévias, inseridas, muitas vezes, em contextos socioculturais bastante diversos, e que, de repente, têm que ajustar suas individualidades a um sistema relacional, o qual pressupõe que os dois corpos sejam comandados por uma só mente.

Essa ideia que se transmitiu através dos tempos como fazendo parte do contrato conjugal é, em nosso entender, a principal razão dos fracassos matrimoniais. São dois corpos com duas cabeças, e se as fronteiras entre esses corpos e mentes não forem respeitadas haverá, inevitavelmente, confrontos que podem levar a rupturas ou à criação de um clima de permanente insatisfação na vida do casal.

A necessidade de preencher carências prévias ou a fantasia de que agora, sim, vamos poder construir juntos uma família ideal e diferente daquela em que fomos criados, pode ser o início do inferno e não do paraíso conjugal imaginado. Nem inferno, nem paraíso, mas um possível espaço de crescimento mútuo e de satisfação pessoal, se, desde o início, o casal souber estabelecer fronteiras individuais bem definidas, em que cada qual aprenda a respeitar o território do outro e nele só entrar com a permissão daquele. Algo semelhante ao que ocorre com países limítrofes que anseiam viver em paz.

É preciso que ambos os cônjuges renunciem ao desejo de que a cabeça do outro seja uma extensão da sua ou funcione como supõe que deveria funcionar. Um casal que concorde em tudo nem sempre é, como a primeira vista possa parecer, um casal bem ajustado e feliz, mas apenas estar revelando uma situação em que um dos dois está submetido ao outro. E submissão gera raiva, desejo de revide que, mesmo sob formas muito sutis, acabam por acontecer.

A expectativa de cada cônjuge de que o outro seja um duplo seu pode levar a sentimentos de rechaço, pois, cada vez que um dos dois é contrariado, poderá interpretar isso como algo contra ele e não um direito do outro de discordar e afirmar sua individualidade, o que pode levar um dos cônjuges a, sistematicamente, se submeter para evitar conflitos.

Conflitos são inerentes à vida de relação. Brigas de casal são não só inevitáveis como podem ser alavancas para criar mudanças para melhorar a relação. Não há porque temer os confrontos no dia a dia do casal, nem colocar embaixo do tapete suas desavenças e desacordos. **O lixo psíquico** (sobre o qual falaremos detidamente mais adiante) tem que ser, isso sim, constantemente removido ou reciclado para que não obstrua a comunicação, comprometendo a qualidade de vida do casal. No entanto, é preciso cuidado com a forma como proceder a essa limpeza do lixo emocional acumulado na relação conjugal, pois, geralmente, não são os conteúdos, mas a maneira como são expressos que fere, maltrata e cria ressentimentos.

Um dos principais motivos de desentendimento nesses momentos iniciais da vida conjugal é a fantasia ou o desejo de um dos cônjuges de varrer da vida do outro sua família de origem ou mesmo seus amigos e colegas. Ao nos casarmos, de certa forma também estamos nos casando com a família do nosso cônjuge, e se entendermos que é nosso direito **individual** não conviver com ela por falta de afinidade ou o que mais for, não podemos privar, e até devemos estimular, nosso parceiro ou parceira a manter uma convivência que provavelmente lhe é necessária. Aqui, como em tantas outras questões do relacionamento conjugal, é fundamental que se exercite o **colocar-se na pele do outro**, ou seja, o que não queremos para nós não podemos desejar para o outro. E isso acabará sendo vantajoso para ambos os cônjuges, pois, se

cada um estiver abastecido afetivamente em sua família de origem, terá muito mais para compartilhar com seu parceiro. Cônjuges frustrados por não poderem conviver com suas respectivas famílias de origem ou antigos amigos acabarão por fazer repercutir essa frustração no âmago do casal, com prejuízos para ambos.

E isso nos traz à consideração o quanto é essencial os cônjuges resolverem, desde o início, suas controvérsias pela via da negociação e – voltamos a insistir pela importância que lhe conferimos para a obtenção da harmonia conjugal – procederem a uma adequada demarcação das fronteiras individuais.

É possível que hoje a condição de recém-casados seja mais difícil de vivenciar do que antigamente, porque as pessoas agora são mais exigentes quanto ao que esperam de um relacionamento conjugal, além do que se os papéis e as funções de um casal antes eram bem definidos, agora não são mais, e exigem muita flexibilidade de parte a parte para serem ajustados.

Na realidade, podemos (e devemos) fazer muitos "recasamentos" ao longo de uma relação conjugal a fim de que ela tenha sucesso, ou seja, a todo o momento é preciso negociar, reconsiderando posições ou crenças, estabelecendo outros limites e redirecionando objetivos de vida, porque vamos mudando ao longo da existência, e o casal deve igualmente estar em contínua mutação – enfim, devemos estar sempre recém-casados!

A Chegada do Primeiro Filho

Ao contrário do que se pensa e diz, um filho não é fator de união do casal, e sim uma ameaça à sua estabilidade. Portanto, para que um casal possa encarar a chegada do primeiro filho e acolhê-lo devidamente, ele precisa estar bem quanto a sua conjugalidade.

Certamente, tanto a qualidade emocional da gestação quanto o acolhimento do filho quando nasce é função de ele ter sido desejado ou não. Em condições ideais, um filho deve ser, não só um projeto compartilhado do casal, como algo compatível com o momento de cada um. E sabemos o quanto isso é difícil de acontecer!

A primeira gravidez, ao ser desejada, costuma ser um momento de êxtase na vida de um casal. Embora, muitas vezes, neste período surjam dificuldades de ajuste sexual, antes por problemas ligados a preconceitos masculinos do que determinados pela condição física da mulher, esse costuma ser um período de relativa tranquilidade no relacionamento conjugal.

A chegada do primogênito é antecedida por grandes expectativas por parte dos pais, que vão desde a determinação do gênero até as fantasias de realização pessoal por meio daquele serzinho que foi produzido pelo casal. Isso vem acompanhado de ansiedades ligadas às incertezas dos pais quanto a competência em ajudar o filho a se tornar uma pessoa como desejariam. Quanto ao filho, ele já nasce com uma sobrecarga, a qual é corresponder a tantos desejos e anseios dos pais.

A entrada de um terceiro no sistema familiar causa, sem dúvida, um impacto, na identidade do casal, que vinha se constituindo aos poucos. E, sobretudo, o pai é afetado pela chegada do bebê. A libido da mãe volta-se por inteiro para o filho, fazendo com que os pais se sintam rechaçados, e na verdade, de certa forma o são, pois as mulheres não estão disponíveis para sustentar em igualdade de condições demandas tão exigentes como costumam ser a de um bebê recém-nascido e a de um marido carente de atenções, que outrora lhe eram oferecidas, e ávido por retomar em toda a sua plenitude a vida sexual do casal.

Por outro lado, por parte da mulher há uma necessidade premente de que o homem desempenhe uma função de **maternagem** para com ela e o filho, ou dizendo com outras palavras, que a apoie emocionalmente e nos cuidados com a criança, num momento em que se sente tão vulnerável e exigida pelas responsabilidades com alguém que dela é tão dependente para sua sobrevivência e bem-estar.

Nesse momento, é também uma função do marido ser continente para a insegurança da mulher no recém-inaugurado papel materno, insegurança essa tantas vezes incrementada pelos palpites e críticas, muitas vezes cruéis, de outras mulheres (sobretudo das avós do bebê!) sobre o modo com ela vem exercendo tal papel.

Ainda no contexto do casal, a chegada de um filho introduz uma realidade: a de que um filho é para sempre! Uma vez pais, embora resolvam romper o vínculo conjugal um dia, os filhos que tiveram os acompanharão, representados pelas preocupações que suscitam e pelas alegrias ou tristezas que provocam, por todas suas existências.

Filhos Pequenos

Será que o mito da crise dos sete anos de casamento tem algo a ver com a presença de filhos pequenos na família? Se não é expressão da realidade é uma possibilidade, pois não há dúvida que há um natural afastamento do casal com a necessidade de dedicar tempo e atenção aos filhos pequenos.

Não só o casal se ressente dessa redução nas oportunidades de convívio entre eles, mas o primogênito também protesta contra a entrada em cena de irmãos menores. E se o primeiro filho polarizava a atenção da mãe, agora ambos os cônjuges se veem a braços com a maior solicitação de filhos numa idade em que a marca registrada é a reivindicação por constante atenção e cuidados.

Esse é um período em que o casal vê a sua intimidade seriamente comprometida por se ocupar da função parental praticamente todo o tempo. Se antes era importante o estabelecimento e a manutenção de fronteiras bem definidas entre os cônjuges, agora é a preservação do território privado do casal que se impõe.

É o momento em que são estabelecidas alianças entre filhos e pais, alianças que correm o risco de ficar a serviço dos filhos na conquista de privilégios e de confrontos competitivos entre os pais. Uma das formas de retaliação pelo abandono que cada cônjuge sente por parte do outro, em virtude do ato de investir nessas alianças, é justamente o afastamento progressivo e a redução do investimento afetivo na relação de casal.

Nessa fase, a criança procura assumir o comando da vida familiar impondo suas vontades aos pais, cuja tarefa correspondente é a de estabelecer limites para evitar que a onipotência infantil impere e venha a trazer problemas futuros para sua adaptação na escola e na sociedade. Esse estabelecimento de limites aos filhos é tarefa árdua, contínua, fatigante e absorve boa parte da energia dos pais durante sua realização. Por outro lado, muitas vezes cria sentimentos ambivalentes e contraditórios nos pais, ora inclinando-se a tudo proibir, ora a tudo permitir, condutas prejudiciais à criança e perturbadoras do relacionamento pais/filhos. Há necessidade de os pais, então, discriminarem o que é reprimir e o que é estabelecer limites, o que nem sempre é fácil. Pensamos que entre as tarefas mais importantes dos pais está a de ensinar os filhos a tolerarem frustrações. Disso dependerá a forma como eles irão desempenhar-se pela vida afora.

Perdas são inevitáveis e do modo de encará-las dependerá a possibilidade de viver melhor ou pior. Embora essa seja, talvez, a mais importante tarefa dos pais na educação dos filhos – ensiná-los a suportar frustrações – parece que poucos pais se habilitam a desempenhá-la. Talvez porque também não aprenderam quando crianças a lidar bem com perdas e frustrações. Quando um filho experimenta alguma perda, é importante que os pais o apoiem e se solidarizem com seu sofrimento; isso, contudo, não significa que tenham que mascarar esse sofrimento com ganhos substitutivos.

Tal atitude, por parte dos pais, não preparará o filho para enfrentar as frustrações que são inevitáveis ao longo da vida.

É muito importante que o casal reserve espaço para sua intimidade, sua vida sexual, seu lazer e seu convívio com os amigos, e esses momentos não devem ser compartilhados com os filhos. Assim como a preservação da individualidade de cada um dos cônjuges é condição essencial para o bem-estar e para a qualidade de vida do casal, a manutenção da privacidade do casal em relação aos filhos é igualmente. Deve-se levar em conta a estrutura familiar, na qual a hierarquia tem sua importância, hierarquia flexível, mas com papéis bem delimitados. Se a criança consegue perceber papéis bem definidos em casa, provavelmente terá melhores condições para desempenhar os diferentes papéis que a vida lhe solicitará.

Filhos Adolescentes

Em poucas áreas do comportamento humano ocorreram tantas transformações nas últimas décadas como na relação entre pais e filhos adolescentes. A ênfase posta no conflito entre gerações, ocorrência inevitável desse momento do ciclo vital, gradativamente declinou. Já não se pensa que a relação entre pais e filhos adolescentes tenha que ser necessariamente marcada por desavenças e confrontos ou que haja um sistemático afastamento entre eles durante esse período.

É claro que não se pode fazer vistas grossas à evidência de que, pelo próprio processo evolutivo, o adolescente busca se afirmar por meio de uma maior autonomia em sua maneira de pensar e agir em relação à forma como pensam e agem seus pais e outros adultos. Faz parte do processo de consolidação da identidade do adolescente o contrapor-se às identificações prévias com figuras significativas de seu universo familiar e social. Para saber quem somos precisamos, antes, identificar o que nos diferencia dos que nos rodeiam. Para tanto, procuramos, na adolescência, reconhecer nos pais aquilo em que não desejamos nos parecer com eles.

Se os pais, conscientizando-se disso, toleram as discriminações que sofrem por parte dos filhos adolescentes e entendem a serviço de quê estão, sem dúvida há mais chances de que a tal **tempestade adolescente** não deixe sequelas ou venha a se transformar em algo catastrófico. Essa compreensão – aliada a uma comunicação mais efetiva e afetiva entre pais e filhos nos dias atuais – tem sido a responsável por uma significativa melhora na relação entre as gerações nesse tumultuado período de nossas vidas.

Um dos fatores que, sem dúvida, ainda perturbam a relação de muitos pais com os filhos adolescentes é a inveja que sentem da sua juventude, da liberdade sexual que desfrutam e das possibilidades de procurar e obter prazer em todas as áreas de lazer disponíveis. Por outro lado, há aqueles pais que, por genuíno desejo de proporcionar aos filhos melhores condições do que aquelas que tiveram para experienciar suas primeiras relações de casal em toda a plenitude e segurança possíveis, acolhem em suas casas os namorados e as namoradas de seus filhos e permitem que exercitem sua intimidade, livres das repressões e preconceitos que os atormentaram em suas respectivas adolescências. Esse tipo de cumplicidade, longe de contribuir para a devassidão dos costumes como apregoam certos baluartes da hipocrisia e da falsa moral, tem se mostrado um inequívoco caminho para as relações mais francas e de mútua confiança entre pais e filhos.

Insistentemente, muitos pais usam uma afirmação para sustentar sua autoridade como adultos diante dos filhos nesse período: "Nós sabemos o que é ser adolescente porque já tivemos essa idade, enquanto vocês não sabem o que é ser adulto". Eis aí um grande engano, pois, como dizia a famosa antropóloga Margaret Mead, "somos hoje como imigrantes no mundo de nossos filhos: nenhum de nós sabe o que é ser adolescente num mundo como o de hoje, tão diferente daquele em que fomos jovens".

Outro elemento a considerar quando se discute as relações entre pais e filhos adolescentes é o fato de que a crise adolescente não se processa só nos corpos e nas mentes dos jovens, mas é acompanhada de uma crise concomitante – a crise da meia-idade – de seus pais. E o que isso quer dizer?

Na época em que os adolescentes estão ascendendo à plenitude de suas condições físicas e mentais, seus pais estão iniciando a curva descendente dos ciclos vitais, começando a experimentar as limitações e o gradativo declínio de seu vigor físico e, por outro lado, fazendo um balanço de seus projetos de vida, geralmente concluindo que ficaram aquém das expectativas que tinham, porque todos nós costumamos ambicionar mais do que podemos concretizar.

Se a crise adolescente se caracteriza por um não saber que rumos dar à vida, a da meia-idade pauta-se por uma insatisfação com o que foi deixado de realizar. E é no entrecruzamento entre essas duas crises que se dá o encontro entre pais e filhos adolescentes. Complicado, não é mesmo? Mas não há dúvida de que hoje há muito mais compreensão por parte dos adultos, tanto do que se passa com seus filhos quanto do que ocorre com eles mesmos, nesse momento existencial, o que tem gerado significativos progressos no clima relacional entre as gerações. Certamente, pais que chegam à adolescência dos filhos realizados como pessoas têm maiores possibilidades de auxiliá-los a superar as dificuldades inerentes à idade, compartilhando com entusiasmo o desabrochar dos filhos para a existência.

As preocupações dos pais com seus filhos adolescentes, contudo, não arrefeceram: apenas mudaram de foco. Se, no início da segunda metade do século passado predominavam as angústias quanto ao futuro profissional dos filhos homens e quanto à iniciação sexual pré-matrimonial das filhas mulheres, nas décadas seguintes, essas preocupações passaram a girar em torno do uso de drogas e sobre a vitimização dos jovens por parte da crescente violência nos centros urbanos.

Paradoxalmente, muitos casais, em função da preocupação compartilhada com os filhos adolescentes e até do resgate dos valores de sua geração, evidenciam maior aproximação e predisposição a negociar e fazer acordos sobre questões, as quais antes divergiam. Em outros casais, ao contrário, há uma polarização de seus pontos de vista conflitantes e, acionados pela tendência a tomarem partido pró ou contra a conduta dos filhos, exacerbam seus confrontos e partem para separações antes evitadas ou adiadas.

Enfim, casais com filhos adolescentes funcionam como caixas de ressonância para os altos e baixos dos estados de espírito e comportamentos peculiares à adolescência e experimentam sobressaltos, alegrias e tristezas que se sucedem, como que refletindo a instabilidade emocional e as incertezas desse momento da vida de seus filhos. No dizer de certa mãe: "Com filhos nessa idade vamos do paraíso ao inferno em questão de horas e estamos sempre oscilando entre um e outro".

O Ninho Vazio

A fase metaforicamente denominada **ninho vazio** é crucial na vida de um casal que teve filhos. Ao se tornnarem adultos, a saída dos filhos de casa é marcada por sentimentos ambivalentes por parte dos pais: de um lado a gratificante sensação do dever cumprido e de perspectivas de contar com mais tempo e liberdade para usufruir o que a vida ainda tem para lhes oferecer, e de outro, a vivência da perda de um convívio que centralizou a rotina do casal durante tantos anos e, muitas vezes, garantiu sua sobrevivência como tal.

Enquanto alguns casais, às vezes, precipitam a saída dos filhos de casa para aliviarem-se da responsabilidade de criá-los (o que é mais comum em outras culturas, por exemplo, a norte-americana), outros retardam essa saída com os mais diversos pretextos e racionalizações: "Você ainda não tem como se manter!"; "Por que você não fica até se casar?"; "Você vai nos deixar abandonados?". Essas são algumas frases frequentemente ouvidas pelos filhos no momento da sua saída do ninho familiar e, sobretudo os filhos e as filhas caçulas são alvos dessas chantagens por parte de pais que querem, a todo custo, preservar em suas casas os frutos de sua relação, frequentemente para que funcionem como doadores de sentido às suas vidas ou mesmo para ajudá-los a evitar conflitos no seio do casal, os quais ficaram amortecidos durante os anos de cuidados com filhos dependentes.

Em outras circunstâncias, quando são os filhos que se grudam nos pais e, por imaturidade ou comodismo, permanecem na casa dos pais sendo já adultos, geram nesses a sensação de fracasso ou do dever não cumprido no processo de preparar os filhos para viverem suas próprias vidas.

A saída dos filhos de casa geralmente coincide com eventos biológicos significativos na vida dos pais, seja a menopausa e o seu correspondente masculino, a andropausa, que os predispõem a crises de relacionamento, exigindo, consequentemente, readaptações na vida conjugal.

A circunstância de que nessa época também ocorra a aposentadoria de ambos ou de um dos membros do casal acarreta inevitáveis impactos para sua relação. Como dizia certa senhora de meia-idade, às voltas com a presença, em tempo integral, do marido aposentado em casa e a ausência dos filhos: "Era muito mais fácil aguentar todo o tempo os desaforos dos filhos adolescentes do que as ranzinzices do marido vinte e quatro horas por dia".

Nesta fase, a mudança que ocorre na identidade do casal talvez não seja tão radical quanto a que se passa na chegada do primeiro filho, mas, sem dúvida, traz a equivalente necessidade de renegociar a relação e fazer reajustes nos focos da vida conjugal para a convivência futura. É fundamental que o casal não se aposente da vida e dela gradativamente desista após a saída dos filhos de casa, como se, depois de cumprida a função biológica de gerá-los e criá-los, nada mais exista que dê sentido à existência.

Esse é um momento em que o casal pode escolher fechar-se na concha e viver das reminiscências do tempo em que os filhos estavam em casa, o que certamente será um convite à depressão e acabará por abreviar suas vidas, ou deixar que um sopro renovador penetre em suas existências e na relação do casal, com a retomada de projetos e sonhos adiados ou, quem sabe, mesmo arquivados com a chegada dos filhos.

Como habitualmente do ponto de vista financeiro o casal está em melhores condições do que quando recém-casados, abrem-se possibilidades de desenvolverem atividades ou *hobbies* a que não tinham acesso antes, usufruindo de fontes de lazer outrora inacessíveis ou até mesmo inexistentes.

Nessa fase, a presença dos netos pode se constituir num acréscimo à qualidade de vida. Netos, já disse alguém, "são filhos com açúcar". Mas isso só ocorrerá se tiver havido um adequado processo de separação dos filhos ao saírem de casa para constituirem suas próprias famílias, pois avós que substituem a função paterna perdida com o monitoramento do modo como os filhos estão criando seus filhos não só atormentam a vida destes como se arriscam a futuras decepções e frustrações. Enfim, o ninho vazio necessariamente não corresponde a um **esvaziamento** na vida do casal, como a metáfora faz pressupor, mas pode se constituir num **preenchimento** com novas motivações e projetos balizados pela maior liberdade para realizá-los e na redescoberta do valor das afinidades e compatibilidades desenvolvidas pelo casal ao longo de sua existência.

Há de lembrar ainda que o ninho poderá ficar vazio não pelo afastamento natural em decorrência do ciclo da vida familiar, mas porque o casal não teve filhos ou, se os teve, por tê-los perdido por rompimento afetivo ou morte.

Casal na Velhice

Uma amiga e conhecida especialista em idosos costuma dizer que "não existem velhos chatos, e sim chatos que envelheceram". Parodiando-a poderíamos dizer que não existem velhos mal-casados e sim mal-casados que envelheceram e que constituem aquele contingente de casais para os quais a velhice é uma desgraça e o casamento uma das razões desse infortúnio.

Não minimizamos as dificuldades encontradas pelos casais ao envelhecerem e sua reiterada necessidade de ter que lidar com perdas físicas e emocionais, porém, justamente essa circunstância pode servir de razão para que eles desenvolvam ainda mais sua cumplicidade e aprimorem seus recursos a fim de exercerem o mútuo apoio de que tanto necessitarão para manter, na medida do possível, a autonomia do casal, condição primordial para o bem-estar de ambos nessa altura do ciclo vital.

Mais do que em qualquer outro momento da vida pregressa do casal, faz-se indispensável que saibam se conotar positivamente e sublinhar as qualidades que um vê no outro como fator de manutenção da autoestima, sem a qual aumenta a vulnerabilidade à depressão e às doenças em geral.

Diz-se que recordar é viver e, sem dúvida, esse é um importante ingrediente para cozinhar uma boa velhice, alimentando a convivência do casal nesta etapa da vida. Mas só de recordações não se constrói uma boa vida de casal na velhice. Com a queda do mito da velhice improdutiva, observamos a disposição e o entusiasmo com que muitos velhos saudáveis se lançam em novos projetos de vida ou no resgate de antigos sonhos acalentados e nunca antes concretizados por falta de tempo ou autonomia. Essa é ainda uma época para se plantar, sim, e mesmo que não haja a oportunidade de colher é gratificante saber que as gerações futuras poderão usufruir do que foi semeado.

Passar sua história de vida para os descendentes, tanto quanto estar atentos e atualizados sobre a evolução dos costumes, e o progresso tecnológico é, sem dúvida, algo tão valioso para a vida de um casal de idosos quanto ser valorizado pelos jovens que com eles convivem.

Por seu turno, é importante para um casal de idosos que seus filhos adultos não lhes subtraiam a autonomia e, pelo contrário, os estimulem e ajudem a mantê-la. Mesmo que com as melhores intenções e a pretexto de protegê-los ou seguir prescrições médicas restritivas, muitos filhos, ao privar seus pais da possibilidade de seguirem fazendo por sua conta o que ainda podem, cometem uma verdadeira **eutanásia emocional**, retirando-lhes a sensação de continuar tão vivos quanto antes, impondo-lhes limites além dos que decorrem do natural processo de envelhecimento.

Sobre o sempre mencionado abandono dos pais em sua velhice pelos filhos, há de se lembrar de que esses pais, quando conseguiram construir uma cálida e afetuosa relação com seus filhos em períodos anteriores de sua vida, dificilmente serão excluídos de sua convivência ou esquecidos em asilos. Claro que não é possível negar que cuidados com pais idosos e doentes muitas vezes são uma sobrecarga para filhos adultos, eles próprios ocupados com os cuidados com sua prole e a subsistência da família, mas o que se observa é que essa sobrecarga torna-se efetivamente menor se houve, na relação pregressa com os pais, um clima amoroso e de reconhecimento pelo que propiciaram. E aí é onde entra também a cooperação entre irmãos, no dividir tarefas e nos cuidados com os pais idosos, na cooperação, por sua vez, também decorrente do clima familiar em que foram criados pelos pais.

CAPÍTULO 7

Casais em Diversos Contextos

No capítulo anterior consideramos o que poderíamos chamar de padrão da vida conjugal com todas as fases de seu ciclo bem definidas e cumpridas. Embora, talvez, ainda predominante, esse padrão tende a ser cada vez mais alterado pela introdução de variantes na constituição e no comportamento do casal e por circunstâncias alheias à sua vontade. A esses outros perfis de casais que encontramos nos tempos atuais em nosso meio e cultura que iremos nos referir a seguir.

Recasados

Acho que inicialmente temos que conceituar o que entendemos por **casais recasados** e por que estamos usando este termo em lugar de outros como **casais reconstruídos** ou **casais reconstituídos**...

Casais reconstruídos. Essa expressão pode dar a impressão de que algo foi destruído anteriormente e está precisando ser reconstruído, o que não é o caso, pois isto pode ser simplesmente uma evolução e não reconstrução. Também não me parece que reconstituído é um bom termo. Já, pelo que estamos dizendo, percebe-se as dificuldades em achar um termo que seja bem adequado. E aí ficamos com o termo **recasados**... quem sabe no sentido etimológico de **resistência**, que quer dizer *existir de novo*. Um recasamento é isso: um novo casamento, o qual se predispõe a ser diferente dos anteriores que tenham existido na vida de um ou de ambos os cônjuges.

Temos que considerar as razões para o fracasso de muitos recasamentos, quando se coloca no outro a responsabilidade de fazer o casamento ser diferente e o problema está é naquele cônjuge que tende a repetir um padrão relacional tido no casamento anterior, e assim, por mais que se recase, sempre estará repetindo um tipo de comportamento que leva os casamentos a não darem certo. São aquelas pessoas que não evoluem com novas experiências. Estou falando de casais com um novo parceiro, pois recasamentos devem ocorrer sempre, ainda que com a mesma pessoa. No caso de as pessoas repetirem o mesmo comportamento ou as mesmas queixas com parceiros diferentes deve-se pensar na possibilidade de uma terapia.

E o que consideramos, afinal, um recasamento?

O que entendemos por casamento hoje em dia: é decidir morar junto apenas? Ou são duas pessoas com projetos compartilhados e compatíveis, que estabelecem um pacto de cuidados mútuos, uma relação sexual contínua e estável, um compromisso de lealdade um com o outro?

Por aí já estamos vendo que não consideramos o casamento um momento formal de contrato cível ou religioso, mas um acordo em que entram todos esses elementos e que nem sempre ocorrem simultaneamente, mas vão se formando ao longo de um processo que faz com que as pessoas quando se dão conta já estão casadas ou recasadas. O que inaugura um casamento é o fato de se assumirem como casal diante dos amigos e da sociedade, o que muitos fazem realizando uma cerimônia ou até mesmo um simples jantar de confraternização com familiares e amigos para chancelar a união.

Há dois tipos de recasamentos: o sem filhos e o com filhos de casamentos anteriores. No recasamento sem filhos, com o passar do tempo, geralmente há uma completa desvinculação em relação ao cônjuge anterior; já no recasamento com filhos é preciso levar em conta certo aprisionamento que permanece, por toda a vida, ao cônjuge anterior em função dos filhos em comum. Isso cria uma série de dificuldades a serem negociadas com o novo cônjuge a fim de que essa situação não interfira demasiadamente na relação do novo casal.

É significativamente diferente, também, a situação de cônjuges que se recasam tendo, de casamentos anteriores, filhos pequenos ou adolescentes. Os adolescentes têm mais dificuldade e resistência para aceitar os recasamentos. Muitas vezes, tentam colocar uma cunha na relação do novo casal e noutras manipulam e fazem chantagens emocionais com seus pais biológicos para auferir certas vantagens. As crianças bem pequenas, ao contrário, adaptam-se à nova situação com maior facilidade do que os adultos supõem. Também há que incluir as questões de lealdade dos filhos em relação ao pai ou à mãe biológica e a resistência deles em aceitar a autoridade do novo marido da mãe ou da nova mulher do pai, o que traz à tona a questão da delimitação de fronteiras e a definição de funções do novo cônjuge em relação aos filhos que não são seus. Por vezes, a viabilidade do novo casamento repousa nessa questão.

A autoridade na casa deve ser exercida pelo novo cônjuge e é bom que ele assuma esse papel com firmeza; mas é claro que há decisões em relação aos filhos que devem ser tomadas pelos pais biológicos, tais como a escola em que vão colocar os filhos, como se conduzir em relação a um filho adolescente com distúrbios de conduta ou uso de drogas, problemas graves de saúde ou hospitalização dos filhos, entre tantas outras.

Também é preciso levar em conta outras questões, como quem está mais afetivamente comprometido com essas crianças. Um pai sempre ausente perde direitos de manifestar-se nessas ocasiões, enquanto um pai com quem a mãe divide a guarda dos filhos pode significar maior interesse e participação dele na educação dos filhos.

De qualquer forma, há os direitos assegurados pela lei ao pai biológico que, tantas vezes, desconsidera os desejos e as necessidades dos próprios filhos e pouco leva em conta a **paternidade ou maternidade afetiva** assumida pelo novo cônjuge.

Falamos em guarda compartilhada e pode-se cogitar se ela não exerce certa restrição ao livre exercício da função paterna, ou materna, por parte do novo cônjuge. Afinal, a guarda compartilhada nada define sobre o papel do novo cônjuge em relação aos filhos do casal separado.

Uma guarda compartilhada, bem estabelecida e administrada, deve permitir ao novo cônjuge exercer seu papel junto às crianças que vivem com ele sob o mesmo teto, no mesmo lar. Se os pais optaram pela guarda compartilhada foi em função dos interesses da criança e, entre esses interesses está a manutenção de uma boa relação com o novo cônjuge da mãe ou do pai.

No entanto, tenho constatado em casais recasados que me procuram para ajudá-los no consultório que o acordo feito entre os pais biológicos previamente, pela guarda compartilhada, sofre fissuras quando entra em cena o novo cônjuge. Muitas vezes, o pai biológico ou a mãe biológica sente-se enciumado da relação dos filhos com esse **estranho ou estranha no ninho** e passa a exercer uma presença **virtual** que antes não era exercida, interferindo no clima do novo lar em que vivem seus filhos. Na situação de viúvos que se recasam percebe-se a presença do cônjuge falecido como um **fantasma**, o qual, gradativamente, faz menos **aparições**; mas quando esse pai ou mãe biológica não morreu, é como se esse **fantasma** estivesse permanentemente materializado, assombrando a vida do novo casal.

Por aí já se vê quão importante é a escolha do pai ou da mãe de nossos filhos, pois essa é uma escolha que não tem volta, é para sempre, e pode nos atrapalhar pelo resto da vida.

Outro assunto que eu acho importante mencionar é o mito do filho de pais separados, que já não é exceção em nosso meio sociocultural. Como parte desse mito há a ideia, que acho menos frequente do que se pensa, de que os filhos desejam ou querem resgatar o casamento dos pais biológicos. Tenho observado que os filhos, ao se darem conta que os pais vivem melhor separados do que juntos, não gostariam que eles retrocedessem e apoiam seus recasamentos. Até se tranquilizam e se sentem aliviados, à medida que não ficam se julgando responsáveis pela infelicidade dos pais.

Uma situação que acaba por comprometer seriamente a vida do novo casal é aquela em que os pais ou as mães dos filhos de casamentos anteriores veem-se compelidos a funcionar como **algodão entre cristais** na relação entre seus filhos e o novo cônjuge ou esse fica **pisando em ovos** na relação com seus **enteados** ou **enteadas**. A propósito, já referi anteriormente à falta de uma denominação adequada para nos referirmos ao grau de parentesco criado entre esses pais ou mães **substitutos** e seus **filhos ou filhas não biológicos**.

Há uma questão ainda sobre a relação dos pais separados com filhos de casamentos anteriores que merece ser abordada. É a coabitação dos filhos de casamentos anteriores com o novo casal, o que nem sempre ocorre. Como há os pais de final de semana existem os irmãos de finais de semana ou que convivem só durante a férias.

Isso nos convida a considerar a questão dos **meus** e dos **teus**, situação mais fácil de manejar do que quando só existem **os meus** ou **os teus**. Se a relação de recém-recasados já é complexa, imagine quando um deles tem filhos de um casamento anterior e o outro não e quer tê-los na nova relação?!

Os meus, os teus... e os nossos! A entrada em cena desses últimos pode desequilibrar a relação de cada cônjuge com os filhos do outro casamento pelas prioridades dadas aos filhos biológicos da nova relação. Como se vê, problemas é o que não faltam para serem contornados pelos membros de um novo casal. A ciumeira entre os meio-irmãos não é dos menores a enfrentar.

No entanto, vamos lembrar que não se entra num recasamento com a mesma inexperiência e imaturidade com que se casa pela primeira vez, e se houve aprendizado com tal situação, espera-se que nesta nova relação não sejam repetidos padrões que levaram o casamento anterior ao fracasso.

"Alternativos"

Como vamos definir casais alternativos?

Casais alternativos são todos aqueles casais que se relacionam fugindo até mesmo dos padrões dos novos tempos, ou seja, nem sempre vivem sob o mesmo teto, não estabelecem acordos de cuidados recíprocos, não estão disponíveis para compartilhar projetos de vida no longo prazo e muito menos fazer planos para uma vida em comum, podem ter ou não **casamentos abertos** quanto ao exercício de sua sexualidade, mas geralmente não possuem compromissos de fidelidade, embora possam manter durante o tempo em que permanecem juntos relações sexuais apenas com seu ou sua parceira. E, no entanto, não deixam de ser casais...

Podem causar estranheza por não se enquadrarem no modelo **certinho** que a nossa sociedade espera dos casais. Não posso deixar de admirar esses casais, ou todas as pessoas que buscam viver bem dentro de seus próprios conceitos, desde que haja lealdade entre si. Lembrei-me agora da relação de Frida Kahlo com Diego Rivera e de um diálogo entre eles no filme sobre a vida dela, em que ela pede fidelidade ao companheiro e esse responde que não pode lhe prometer fidelidade, mas se compromete com a lealdade.

Sim, são casais em outros contextos, que não os habituais, e, por isso, se contrapõem às convenções sociais, geralmente abalando a moral convencional. Veja alguns exemplos: duas pessoas de meia-idade que perderam por morte ou separação seus parceiros, mas que preferem viver só sem dispensar, contudo, a companhia de alguém para viajar, ir a um restaurante, cinema ou teatro, mantendo ou não relações sexuais ou certa intimidade física; duas pessoas jovens que adoram velejar e aventurar-se sem rumo fixo, cuja relação dura o tempo de uma viagem pelos mares, podendo ou não voltar a se relacionarem como casal em outra oportunidade em que seus projetos coincidam; um casal que resolve viver uma experiência comunitária, dividindo teto, trabalho e ganhos com outros casais; e assim por diante. Acho que podemos considerá-los como casais pela estabilidade da relação nesse contexto fora dos padrões convencionais.

Esses casais costumam suscitar reações preconceituosas da sociedade, a qual entende que casamento implica se comprometer com alguém para uma vida em comum sob um mesmo teto. Entendo que se há respeito de um pelos desejos e pelas necessidades do outro, o formato que dão à sua relação e à maneira como buscam ser felizes diz respeito somente a eles, e a mais ninguém. Se não prejudicam ninguém e não interferem nos direitos alheios, que façam bom proveito das suas escolhas de vida.

Homossexuais

Já que estamos no território das reações preconceituosas da sociedade, as quais interferem no bem-estar e na qualidade de vida dos casais, que tal abordarmos a questão dos casais homossexuais? Como parece que esses casais estão lidando hoje com a forma como são encarados pela família e em seu ambiente sociocultural?

As mulheres, em geral, lidam melhor com o homossexualismo, tanto feminino quanto masculino, talvez porque também seja mais frequente mulheres se permitirem, ao longo da vida, terem mais intimidade física com outras mulheres, mesmo sendo heterossexuais, do que os homens entre si. Acho que a questão crucial do homossexualismo ainda está ligada ao preconceito. Quando homossexuais conseguem assumir sua condição diante da família e da sociedade passam a viver melhor, mas ainda sofrem muitas discriminações e continuam, frequentemente, sendo rotulados como portadores de uma patologia, o que é um grande equívoco. Por outro lado, na família, os pais se perguntam: "Onde errei?", como se o homossexualismo fosse decorrência de um erro cometido pelos pais.

E como tudo na natureza humana é multideterminado, o homossexualismo não foge à regra e tem a ver com fatores genéticos, constitucionais, ambientais, experiências de vida e predisposições que desconhecemos. É um equívoco que mesmo os homossexuais cometem, ao se referirem à sua condição, dizer que homossexualismo é uma questão de escolha. Creio, como dizia certo homossexual, que trata-se de mais uma questão de destino: não se escolhe ser homossexual, como não se escolhe a aparência física com que se nasce ou os pais que nos geraram. Assim como até certo tempo atrás uma mulher que tivesse relações sexuais antes do casamento era tida como prostituta, um homossexual era, e de certa forma ainda é, considerado doente. É o sofrimento que causa ao ser humano o preconceito humano em todos os seus matizes e formatos.

Uma questão que hoje está em pauta é se casais homossexuais podem adotar filhos. Se há uma relação estável entre eles, com uma organização familiar estruturada e papéis bem discriminados, por que não? Há um mito de que filhos adotivos de casais homossexuais vão ser também homossexuais, levando-se em conta somente o fator identificação com os pais. É óbvio que, como em qualquer caso de adoção, é preciso levar em conta as características pessoais dos indivíduos candidatos a adotarem crianças, mas o fato de serem ou não homossexuais só pode ser creditado a uma postura preconceituosa dos que concedem a adoção.

Pais de homossexuais, na sua imensa maioria, são heterossexuais; só alguns poucos são filhos de uma relação heterossexual prévia de um dos pais que posteriormente veio a assumir sua condição homossexual. Não vejo qualquer razão procedente para que homossexuais não adotem filhos, os quais provavelmente não terão maiores problemas ou dificuldades que os filhos adotivos de casais heterossexuais.

É verdade que tem havido muito progresso na maneira com que os pais aceitam a homossexualidade dos filhos e sua maior preocupação, geralmente, é o sofrimento que aos filhos possa acarretar a atitude discriminatória da sociedade em relação a eles. Por outro lado, o decréscimo da atitude de rechaço da sociedade à condição homossexual se evidencia pela crescente oportunidade de legalização dos casamentos e dos direitos oriundos dessa formalização do contrato cível entre eles.

Algumas reações evidenciadas pelos homossexuais ao preconceito e às discriminações que sofreram são curiosas, tomando como privilégio sua condição, dizendo que só terá conhecimento verdadeiro do que seja o prazer sexual quem o vivencia numa relação homossexual. O orgulho **gay** os levou a uma afirmação tão equivocada quanto à noção de que os homossexuais são seres sexualmente incompletos porque não procriam. Aliás, essa é a grande objeção **científica** que se faz ao homossexualismo: sendo algo que contraria a natureza, argumento que a própria ciência está pondo por terra à medida que ensaia, com sucesso, a clonagem humana. O progresso científico tem derrubado todos os tabus e preconceitos. Não conheço nenhuma conquista do conhecimento científico que não tenha se sobreposto às resistências com que foram recebidos em nome de crenças religiosas ou postulados éticos, ou mesmo às resistências da própria ciência, obrigando-a a processar mudanças em seus paradigmas para incorporar os conhecimentos que vão adquirindo.

Sem Filhos

Aqui é preciso considerar casais que não têm filhos por opção e aqueles que não os têm por esterilidade de um dos cônjuges.

Antes era óbvio que um casal deveria ter filhos, se pudesse. Hoje, já se admite, por várias razões, que um casal resolva não ter filhos. Eles devem ter o direito de optar: melhor não tê-los do que se tornarem pais para corresponder às expectativas de suas famílias de origem ou por obrigação social, pois os filhos é que sofrerão as consequências dessa submissão a exigências externas e a consequente rejeição. Já, se a questão é a esterilidade de um dos cônjuges, hoje, pelos progressos tecnológicos, também há muitas alternativas para a solução desse problema: desde a inseminação artificial, passando pela opção da barriga de aluguel, até a adoção.

O que vemos é que, mesmo na situação da esterilidade, as opções se ampliaram e poucos casais deixam de realizar seu sonho de serem pais com os recursos atuais. Por outro lado, muitos casais estéreis por pressões familiares ou sociais, submetem-se anos a fio a técnicas de fertilização com muito sofrimento. Acho que seria importante aliviar os cônjuges dessa imposição de gerar filhos como se só isso justificasse sua existência como casal. Casais que se aferram a esse propósito de buscar a todo custo a fertilidade acabam por transformar suas vidas num pesadelo, tendo que marcar hora para terem relações sexuais, percorrendo incessantemente consultórios de especialistas, sobrecarregando um relacionamento que poderia ser mais leve e satisfatório sem tais injunções.

E, com isso, retornamos à questão das adoções, já mencionadas quando tratamos dos casais homossexuais.

Com Filhos Adotivos

Há quem pense que a sociedade e as leis a respeito complicam demais a questão da adoção. De fato, tendo tantas crianças em situação de abandono, é preciso que a lei não crie tantos óbices à adoção e exigências quanto à adequação dos casais candidatos. Já não bastassem as dúvidas do casal quanto à idade, ao gênero, à cor da pele, às condições de higidez das crianças, a lei cria mais dificuldades em cima dessas, dando-nos a impressão de que há um desestímulo à adoção, a qual, ao final é uma oportunidade de conferir uma identidade familiar a essas crianças e reinseri-las na sociedade.

Bem, mas voltemos aos nossos casais e às situações que os levam à adoção. Sabemos que muitos casais, apresentados como estéreis, logo que adotam uma criança engravidam, trazendo à consideração a importância dos fatores psicológicos na gênese da esterilidade.

O corpo fala, dizem os psicossomatistas. E, na sua concepção, a natureza estaria negando a certas pessoas a possibilidade de serem férteis porque não estariam preparados para a complexa condição da parentalidade. Mas temos que ter cuidado para não fazermos afirmações apressadas e inconsistentes.

Quando um casal tem seus filhos biológicos após terem adotado uma criança, estamos diante de duas possibilidades no contexto da vida familiar: a de terem agora melhores condições de lidar com a criança adotada, por se sentirem realizados como pais biológicos ou, ao contrário, que venham a rechaçar o filho adotado, privilegiando o filho biológico.

Por outro lado, penso que pais que tiveram filhos biológicos e, mais tarde, decidem adotar uma criança têm melhores condições de lidar com ela porque não veio para preencher um vazio, e sim compor uma escolha de ordem afetiva.

Algo que sempre me chamou a atenção foi a necessidade imperiosa dos filhos adotivos buscarem conhecer seus pais biológicos, quando não os conhecem. E me parece que nem todos os pais de filhos adotivos se mostram inclinados a satisfazer essa curiosidade dos filhos adotivos, quem sabe por receio de perderem o vínculo, por vezes, tão laboriosamente construido, para os pais verdadeiros.

Muitos pais de filhos adotivos sentem-se desvalorizados por não terem gerado filhos biológicos e, por isso, o receio de serem abandonados pelos filhos adotivos ao satisfazerem essa curiosidade em conhecer os pais biológicos. Curiosidade, disse eu? Não, antes um atávico impulso que todos temos de conhecer nosas origens.

Quando os pais adotivos querem manter em segredo as origens para seus filhos adotivos, isso acaba por se tornar uma sobrecarga que afeta a própria relação do casal, sem se darem conta de que, muitas vezes, os filhos já sabem, se não pela busca de informações, por uma espécie de intuição inconsciente, que aqueles não foram os pais que o geraram.

Para finalizar, temos a convicção que é um direito do filho adotivo saber suas origens, quanto mais não seja para não iniciar sua vida sob o signo de um engano.

Casais que Trabalham Juntos

Desde o ingresso maciço das mulheres no mercado de trabalho, antes praticamente exclusivo dos homens, cada vez mais encontramos casais que compartilham não só a vida doméstica como a profissional. E, levando em conta razões sócio-econômicas, cada vez mais encontramos casais realizando atividades profissionais conjuntas em empresas familiares. As atividades apresentam como uma de suas principais vantagens a confiança recíproca entre seus sócios, mas apresentam a desvantagem de contaminar a relação conjugal com as questões do trabalho e o forçado convívio o dia todo do casal, comprometendo seus espaços individuais, que, como vimos, é uma das demandas dos casais contemporâneos.

O **nós** fica hipertrofiado e o **eu-tu** reduzido. É preciso estar muito atento à manutenção dos espaços individuais particularmente ameaçados nessas circunstâncias, como também estabelecer fronteiras bem definidas entre a vida conjugal e empresarial. Há casais empresários que, muitas vezes, deixam que os problemas da empresa monopolizem sua relação e outros que permitem que seus conflitos interpessoais interfiram na gestão da empresa. É preciso ter muito cuidado, pela tendência a misturarem tudo, e aí ficamos sem conseguir enxergar onde começa o casal (família) e o casal (empresa).

Mas não só como sócios numa empresa que os cônjuges podem vir a trabalhar juntos. Podemos encontrá-los como empregados de uma mesma firma, com funções distintas, e ainda assim temos uma sobrecarga do espaço compartilhado em relação ao individual, com inconvenientes similares.

É fundamental que cada casal tenha seus espaços privados, ou seja, hobbies, ocupações, amizades e interesses que não sejam obrigatoriamente compartidos, evitando aquela proximidade demasiada que compromete as individualidades.

Em Migração

Um casal quando resolve mudar de cidade, às vezes, não se dá conta do quanto isso vai interferir na sua vida, principalmente quando tem filhos. Filhos adolescentes habitualmente sofrem mais com essas mudanças, pois são muito apegados a seu grupo de iguais e, além disso, como estão na consolidação de seu processo de identidade, precisam maior estabilidade ambiental para que esse ocorra sem maiores perturbações. O grande problema é a perda da rede social na cidade de origem, que inclui desde a família até colegas, amigos e conhecidos em geral. Até formar novamente essa rede na cidade para onde foram os cônjuges, pela necessidade de apoiar-se mutuamente ficam muito próximos um do outro, criando aquelas condições lembradas na metáfora do porco-espinho, em que a proximidade demasiada leva a se espetarem. A satisfação profissional, individual e social é de vital importância para o casal e isto deve ser buscado o mais rapidamente possível no local para onde migraram.

Mas há a situação daquelas migrações temporárias, por circunstâncias tais como bolsas de estudo para aperfeiçoamento profissional, mestrados ou doutorados e outas situações similares. Nesses casos, que costumam ocorrer com casais jovens, ainda sem filhos ou com filhos pequenos, penso que a separação forçada das famílias de origem é um benefício colateral, pois facilita a melhor definição de identidade do casal, ao criar situações de cumplicidade que se souberem aproveitar serão como alicerces para sua futura relação conjugal.

Longe de suas famílias de origem, os casais têm a oportunidade de testar sua **compatibilidade** como casal e examinar, sem a interferência de parentes e amigos, suas afinidades e diferenças. Enfim, é quase como se oportunizassem um laboratório para testar sua vida conjugal em condições de não contaminação com o meio ambiente de origem.

Em contrapartida, pode ocorrer uma hipertrofia do **nós** em relação ao **eu**; mesmo assim penso que uma migração transitória é muito rica para um casal, pois novas experiências são sempre enriquecedoras.

Não podemos deixar de mencionar as situações dolorosas de migração como aquelas vividas por casais ou famílias que tem de abandonar suas cidades ou países por circunstâncias tais como perseguições políticas, religiosas ou raciais, catástrofes ambientais, guerras ou impossibilidade de se sustentarem pelo caos financeiro vigente. Essas situações podem também significar para o casal uma oportunidade impar de aproximação e reforço de laços afetivos, mas o custo, sem dúvida, é maior que seus benefícios.

Culturas ou Etnias Diferentes

Em outro contexto, mas com similaridades com a situação dos casais em migração, estão os casais de culturas ou etnias diferentes: como quando alguém no exterior inicia um relacionamento com uma pessoa do país onde está temporariamente e, posteriormente, decidem viver juntos; ou o **estrangeiro** se fixa no país do parceiro ou o cônjuge terá que migrar para viver no país do parceiro. Nesses casos, um dos dois, e não o casal, é que terá que migrar, o que acarretará tensões para ambos pela necessidade de conciliarem não só vivências em distintas famílias de origem, mas idiomas, costumes e tradições diversas.

Com a mobilidade proporcionada por esses tempos de globalização, nem sempre esses casais com culturas e diferentes etnias se formam em países diversos, mas dentro de uma mesma nação com migrantes de diferentes origens formam-se uniões entre casais com ascendências múltiplas. Um filho de pai italiano e mãe germânica pode se unir a uma filha de pai libanês com mãe eslava, por exemplo, ou um louro norueguês com uma negra norte-americana. Já imaginaram a confluência étnico-cultural criada e a necessidade de compatibilizar num novo casal todas as influências de origem?

Na intimidade do casal não basta não alimentar preconceitos para que um casamento interracial ou entre pessoas de distintas nacionalidades se viabilize; é preciso que cada um esteja particularmente disponível para aceitar o que é diferente e fazer uma espécie de imersão na cultura e nos valores do outro, e que ambos estejam constantemente construindo pontes entre seus mundos de origens tão diferentes. E, sobretudo, que evitem **aculturar** um ao outro, ou seja, tentando induzir-se a **renunciar** a suas vivências passadas com o pretexto de uma melhor adaptação a uma nova realidade compartilhada.

E se for um recasamento, é indispensável que cada um entenda que o parceiro chega com um **kit** completo, no qual podem estar incluidos não só os filhos e as famílias de origem, mas também os hábitos, os valores e as tradições que trazem consigo.

Com Acentuada Diferença de Idade

Homens mais velhos casados com mulheres mais novas não seria dificil de encontrar mesmo em tempos idos, mas mulheres mais velhas com homens mais jovens já não seria tão frequente.

Mas tanto um quanto outro está sujeito a comentários preconceituosos da sociedade: "Ele nos apresentou a mulher ou a filha?; "Olha outro Édipo com sua Jocasta"! (referindo-se à lenda grega em que o filho casa com a mãe).

Não é apenas a sociedade que os bombardeia com seus preconceitos, mas também os psicanalistas, que veem nessas relações situações edípicas mal-resolvidas e acabam por rotulá-las como desvios da normalidade.

A maior dificuldade dessas relações está em fazer projetos de vida compatíveis porque cônjuges com grande diferença de idade têm expectativas diferentes quanto ao seu futuro. E aí entra, muitas vezes, a questão de poder ou querer ter filhos.

Um homem mais velho casado com uma mulher mais jovem, que não tem filhos e gostaria de tê-los, pode corresponder ao desejo dela de engravidar, porém uma mulher mais velha que casa com um homem jovem que deseja ter filhos poderá não satisfazer esse desejo porque já encerrou seu ciclo fértil. Bem, o importante é que essas questões sejam consideradas já no início do relacionamento para não gerar mal-entendidos e frustrações que, mais tarde, comprometam a viabilidade da vida conjugal por objetivos de vida incompatíveis.

Tais relações, que geralmente surjem entre casais recasados, são de curta duração, mas se ambos estão curtindo a relação, dure por quanto tempo durar, é um assunto que só a eles interessa.

Com Perdas Significativas

A que perdas vamos nos referir aqui? A perda do cônjuge não é propriamente uma perda do casal porque este deixa de existir como tal, não é?

Estamos falando da morte dos pais, dos filhos, de pessoas muito próximas e queridas para ambos ou para um dos dois, como antigos amigos, que acaba afetando o casal pela tristeza que provoca em um dos dois.

Sim, e também perdas materiais que possam ter abalado a estabilidade e a estrutura de suas vidas, tais como as decorrentes de catástrofes, como enchentes, incêndios, terremotos, convulsões político-sociais, falências e outras similares que representam o comprometimento das fontes de subsistência do casal.

Quando a perda é mais significativa para um dos dois – como a perda do emprego – entra em cena a necessidade de complementaridade do casal. Quando um está fragilizado por situações de doenças, lutos ou desemprego, o acolhimento proporcionado pelo outro, desde que temporário, pode ser um importante fator de recuperação do ânimo e da motivação. Digo temporário porque se essa situação se prolongar pode haver um efeito contrário ao desejado e a estimulação da dependência exagerada do cônjuge carente de apoio e sua acomodação à situação em que está.

A perda afetiva mais significativa na vida de um casal é, sem dúvida, a perda de um filho, já que a perda de um dos pais é algo esperado no ciclo da vida familiar, pois se espera que os mais velhos morram antes dos mais jovens. Esta é condição traumática mais importante que se possa imaginar na trajetória existencial de um casal.

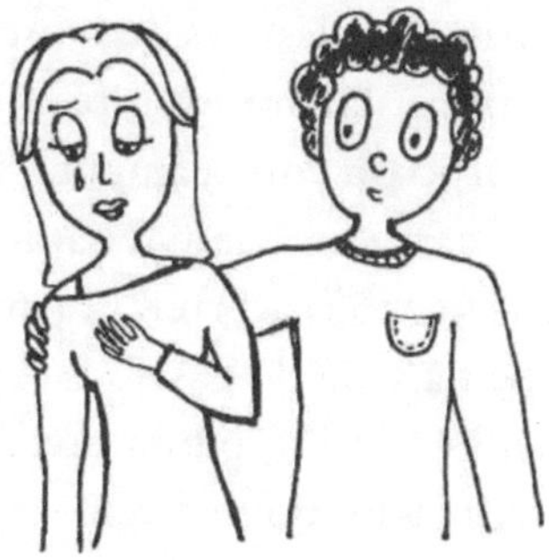

Há que referir-se ainda as perdas materiais importantes que afetam ambos, como uma falência, por exemplo. Pessoas amadurecidas podem sair dessa situação fortalecidas como casal e em condições de superar as adversidades por meio do vínculo que possuem, mas é muito comum ocorrerem separações após a perda do *status* proveniente de uma importante crise financeira.

Com Doenças Incapacitantes

Uma das maiores perdas que o casal pode enfrentar é a da saúde de um dos cônjuges. E, aí, por várias causas e circunstâncias: acidentes, doenças degenerativas, infartos, derrames cerebrais, problemas decorrentes de atos cirúrgicos e assim por diante. As consequências são as mais diversas possíveis: paralisias, impotência sexual, falta de controle da emissão de fezes e urina, amputação de membros, cegueira, surdez, perda de memória, além de distúrbios do comportamento, como agressividade, depressão ou alienação do meio ambiente, uma vez que todos os projetos se esvaem e há uma necessidade imprevista de alterarmos os rumos que havíamos delineado para nossas vidas.

Estamos falando de situações extremas, de difícil manejo para o cônjuge não afetado. Claro que qualquer doença perturba a vida conjugal, mas nenhuma como aquelas que chamamos **incapacitantes**. Podemos mencionar mulheres que tiveram que amputar seios por câncer de mama ou homens que ficaram impotentes após a extirpação de próstata por um tumor maligno, mas tais situações, embora penosas e em alguma medida comprometendo a vida sexual do casal, podem ter seu impacto reduzido com os recursos oferecidos pela medicina moderna, tais como correções estéticas por cirurgias plásticas ou o uso de medicamentos que viabilizam a ereção masculina. Já, por exemplo, uma pessoa afetada pela paralisia de um lado do corpo ou com a amputação de um dos membros trará uma inevitável sobrecarga ao cônjuge sadio, além das consequências psicológicas que tais situações acarretam para o incapacitado e que fatalmente irão repercutir na vida do casal.

A morte de um filho é uma perda equivalente para ambos os cônjuges e pode até aproximá-los por estarem experimentando uma dor psíquica compartilhada, mas a doença incapacitante de um dos cônjuges causa um sofrimento que não é equivalente para ambos os membros do casal, o qual o vivenciam individualmente de modo distinto, com a emergência de sentimentos de ambivalência, culpa, agressividade, inveja e outros tantos que, no longo prazo, podem ir deteriorando uma relação até então satisfatória.

Há cônjuges que, nessas situações, liberam os parceiros para viverem suas vidas como solteiros, terem relações sexuais fora do casamento se há uma incapacidade definitiva para tal, mas, de qualquer maneira, a relação conjugal fica muito comprometida. E as situações encontradas são sempre paliativas, por não haver a possibilidade de reverter o quadro incapacitante.

Essas relações quando mantidas são nutridas por sentimentos de culpa ou piedade, que podem até, como a argamassa, prender os tijolos uns aos outros para que a parede de uma construção não venha abaixo, mas nunca flexibilizar a estrutura de um casamento como o caule de uma árvore viva que se move com o vendaval para impedir que ela venha abaixo. Dizendo de outro modo, culpa ou piedade não são esteios adequados para alicerçar a vida conjugal e, por si só, não mantém uma relação afetiva saudável.

Por outro lado, nessas circunstâncias, acontece que alguns, muitas vezes, abandonam um companheiro de toda uma vida, e antes, tão querido, para egoisticamente seguirem suas trajetórias individuais com desconsideração pelo sofrimento do outro. Ou permanecem a seu lado apenas por interesses financeiros. Nesses momentos, a rede social é fundamental, para que possa haver um apoio à pessoa incapacitada, sem que o outro tenha que abrir mão da sua vida. Sem dúvida, são situações que comprometem a relação, pois, ainda que não ocorram separações, o casal passa a viver em um clima pesado, muitas vezes o doente sendo agredido, porque o outro se sente impossibilitado de seguir seus projetos de vida.

Para encerrar um capítulo tão doloroso das relações conjugais com uma nota de otimismo e confiança no afeto das criaturas humanas, queremos sugerir aos leitores que assistam a um interessante filme argentino, intitulado "O Filho da Noiva", que retrata uma belíssima e comovente história de amor de um casal idoso, em torno da situação de uma mulher acometida do mal de Alzheimer, cujo marido resolve presenteá-la com uma cerimônia de casamento que não tiveram e que ela tanto desejara. A mensagem que o filme nos deixa é que ainda poderão existir momentos de encantamento e ternura mesmo para aqueles casais que tiveram o infortúnio de serem atingidos pela doença incapacitante de um dos cônjuges.

CAPÍTULO 8

Em Busca da Alquimia Íntima

Conta a lenda que o filósofo e alquimista árabe Averróis enterrou um raio de sol sob a primeira coluna à esquerda da mesquita de Córdoba, acreditando que transcorridos oito mil anos, ele se converteria em ouro.

A alquimia foi uma atividade pré-científica que visava melhor compreensão do cosmos, da matéria e do homem. Mediante o conhecimento da natureza da matéria, os alquimistas visavam transformá-la e transmutar metais de pouco valor em ouro e prata e, adotando técnicas que envolviam Ciência, Arte e Religião, seria possível conseguir a transmutação de uma substância em outra. Desse modo, ao desenvolver e aplicar diversos procedimentos de laboratório, esses estudiosos tornaram a alquimia uma atividade precursora da química, a qual lhe deve a descoberta de inúmeras substâncias e a invenção de grande variedade de instrumentos, os quais, mais tarde, desempenhariam papel de destaque no domínio da metodologia científica.

A teoria da transmutação baseava-se na interpretação dada pela Filosofia Clássica Grega à composição da matéria. Na época de Aristóteles, acreditava-se que toda substância compunha-se de diferentes proporções dos quatro elementos fundamentais: água, ar, fogo e terra. A partir deste princípio, os alquimistas desenvolveram seu postulado fundamental: "A matéria é única e pode sofrer transmutações mediante a variação das proporções entre seus componentes." Acreditavam, também, na existência de uma substância capaz de provocar essa transmutação, denominada elixir (do árabe *al-iksir, pó seco*), o qual tinha o poder curativo e de rejuvenescimento – elixir da vida.

Nicolas Flamel, tabelião e alquimista francês do século XIV, acumulou tamanha riqueza que seus contemporâneos imaginaram que ele houvesse finalmente descoberto o princípio do elixir da vida. Segundo a lenda, Flamel teria sonhado com um livro oculto, o qual revelava os segredos da grande arte e, depois de encontrá-lo, o decifrara, conseguindo a transmutação de substâncias de pouco valor em ouro.

Uma das primeiras obras sobre alquimia de que se tem notícia é o tratado *Physica et mystica*, atribuído ao egípcio, naturalizado grego, Bolos de Mende, que viveu na região do delta do Nilo por volta do ano 200 a.C. Nele, encontravam-se fórmulas para converter metais em ouro e prata, numa época em que eram divulgadas as ideias platônicas sobre a composição da matéria. Já no século XIII, o inglês Roger Bacon defende a utilização do método científico, afirmando que "nada se pode conhecer com certeza, salvo através da experiência".

A alquimia, portanto, trata de transmutações, das mudanças, e para que ocorram, precisamos da arte, da técnica, do químico, da experiência, do científico. As mudanças acontecem quando o ser humano age, percebe, esforça-se, busca caminhos novos, assessora-se de tudo aquilo que pode lhe trazer benefícios em novas descobertas. Gregário, por natureza, nada mais natural que o ser humano vá ao encontro do outro (outros), e esse encontro provoque as grandes ebulições que transformam o seu mundo. Desse modo, quando um casal se une pretende a felicidade do cotidiano (ações), mudá-las, melhorá-las, fundi-las ou desagregá-las. Assim, surge o foco do presente capítulo: o casal e sua alquimia.[1]

Acredito que cada casal tem potencialmente a capacidade de transformar o metal de suas personalidades no ouro de um relacionamento satisfatório, capaz de adicionar, em lugar de subtrair, qualidade a suas existências. A prática da cumplicidade e o prazer da convivência são a origem e o destino desse processo. E, ao longo da trajetória dessa transmutação íntima que conduz a obtenção do bem-estar conjugal temos segredos a desvendar, fórmulas a decifrar, substâncias a descobrir, símbolos a revelar. Cada casal terá que fazer suas próprias descobertas para alcançar

[1] Devo a metáfora da alquimia à editora Loris Bressac, que publicou livro anterior, em coautoria com Maria Elizabeth Pascual do Valle, intitulado "Alquimia Íntima (a nova química do casal) ". Porto Alegre: Literalis, 2004.

a alquimia íntima que busca. Neste capítulo, pretendemos oferecer aos leitores alguns elementos que devem ser combinados para se obter o elixir de uma longa e feliz vida como casal. De que maneira, em que medida e se precisarão acrescentar outros elementos que não tenhamos mencionado, ou que ainda desconhecemos, é o que lhes toca nessa busca, que também é a nossa e a de todos os casais, desde tempos imemoriais.

Para empenhar-se nessa tarefa, é preciso, antes de tudo, uma convicção: a de que são os próprios cônjuges os responsáveis pelo destino de sua relação. Afora certas circunstâncias alheias à vontade dos casais, tudo o mais depende do encaminhamento que os próprios cônjuges derem a seu relacionamento. Mais do que habitualmente se supõe, está em suas mãos fazer de suas vidas algo bom ou ruim, e isso é particularmente verdadeiro na relação conjugal. E tudo começa com a escolha do parceiro na desafiante caminhada da vida.

A Escolha

À primeira vista, poderá parecer estranho que já não se tenha considerado esse item quando tratamos da constituição do casal, mas pensamos que não por acaso deixamos para discutir essa questão ao considerarmos a procura da alquimia íntima, pois, embora seja dito que poder escolher com quem vai se casar foi uma conquista da evolução dos hábitos sociais ao longo do século passado, entendemos que o que ocorreu foi apenas a redução da influência ou mesmo a não interferência direta dos pais na determinação de quem seria o cônjuge dos filhos. Talvez porque durante tantas gerações passadas não tenha havido autonomia na escolha de com quem se ia casar, não se adquiriu o necessário "know how" para fazer tais escolhas e elas continuam sendo, hoje, realizadas de uma maneira um tanto aleatória ou feitas apenas sob o influxo de paixões momentâneas. Em suma, festeja-se a agora ampla e irrestrita liberdade de escolha, mas, ao que parece, não se adquiriram as competências e habilidades para fazê-la adequadamente.

Quando nos casamos, não o fazemos apenas com quem escolhemos, mas com todo o grupo de pessoas que constituem a rede social do cônjuge, desde a família de origem, passando pelos filhos de outros casamentos (quando houver) até os demais parentes, amigos, colegas e pessoas de suas relações em geral. É o **kit completo**, a que já nos referimos, com que cada um entra no relacionamento conjugal, e querer dele despojar o cônjuge é de certa forma violentá-lo ou destituí-lo de sua identidade prévia. Não funciona e põe em risco o futuro da relação.

Por essa razão, para uma boa escolha do cônjuge, é preciso um olhar sobre as famílias de origem, não para que tenhamos que nos submeter aos valores ou ao estilo de vida da família do cônjuge, mas para que possamos compreendê-lo em suas origens e processo de constituição como ser humano, e também porque é preciso que haja um mínimo de compatibilidades entre as culturas familiares de onde cada um provém.

Sentir que está à vontade na família do companheiro é um elemento que pode indicar boas probabilidades de que a relação seja viável, o que não quer dizer, contudo, que se isso não ocorrer o parceiro tenha que ser vetado. O importante é que ambos tenham um olhar crítico sobre suas famílias de origem e saibam reconhecer onde elas eventualmente poderão interferir no relacionamento. Por outro lado, mesmo que haja rejeição ou dificuldades iniciais entre um cônjuge e a família do outro, essas dificuldades poderão ser mitigadas se houver boa vontade de parte a parte e habilidade para negociar acordos e estabelecer fronteiras.

Cremos que, na escolha do cônjuge, é sempre importante considerar a questão dos valores individuais de cada um e que, muitas vezes, embora nem sempre, refletem o que se pode denominar **cultura das famílias de origem**. É importante que haja compatibilidade entre os valores éticos e a forma de encarar a vida por parte dos cônjuges. Quando se é jovem, isso não parece relevante para a decisão de com quem se vai casar, mas na convivência posterior torna-se cada vez mais evidente a importância dessa afinidade nos valores individuais e no comportamento ético diante das contingências que a vida em comum apresenta ao casal, sobretudo ao se tratar de educar os filhos. E um olhar atento sobre a família de onde provém quem escolhemos é sempre conveniente para evitar dissabores futuros quanto a condutas inconciliáveis.

Cuidado, ainda, com aquelas personalidades imaturas, a quem se costuma rotular de **filhinhos da mamãe** ou **filhinhas do papai**, pois, geralmente, pessoas que foram superprotegidas ou cujos pais não colocaram limites na sua necessidade de serem o centro das atenções e terem seus desejos pronta e inteiramente satisfeitos, dará trabalho ao cônjuge para fazê-lo ver como alguém que existe como pessoa e também tem necessidades e desejos a serem satisfeitos. Essas personalidades são como plantas parasitas que sugam quem as hospedam até extingui-las e, se não impedirmos que isso aconteça, mais cedo ou mais tarde a relação se interromperá.

Maior cuidado ainda requer na escolha quando esse parceiro vier a ser pai ou mãe de um filho seu, pois esse não é um erro passível de ser corrigido com uma simples separação. É um comprometimento para toda a vida.

É importante observar o modo como a pessoa amada se relaciona com seus familiares, amigos e circunstantes em geral, pois essa será provavelmente a maneira como irá se relacionar conosco depois que a paixão arrefecer e a rotina se estabelecer na vida em comum. Os fundamentos de uma boa escolha, além da atração física e do sentimento de amor que a motivou, consistem na confiança mútua e na sensação de que aquela é uma pessoa ao lado da qual queremos envelhecer.

O Namoro como Laboratório

Aprendendo a Namorar

Assim como se diz que para **aprender** algo novo muitas vezes é preciso antes **desaprender**, para aprender a namorar é preciso antes "**des/(a)prender**", ou seja, desistir de prender. Com esse jogo de palavras, o que estamos querendo dizer é que um bom namoro começa com abrir mão da ideia de **prender** o outro ou do pressuposto que a finalidade última do namoro é **amarrar-se** num relacionamento. O namoro não é uma caça ao cônjuge, como já foi considerado antigamente. Namoro, para ser uma experiência prazerosa para ambos, tem que estar destituído do sentimento de posse e do desejo de transformar o outro para que corresponda a nossas expectativas. E deve, também, ser uma finalidade em si, não apenas um meio para chegar a determinado fim, no caso a escolha do cônjuge.

Feita essa ressalva, podemos considerá-lo então, uma inestimável oportunidade de conhecimento recíproco, de experimentar não só na intimidade dos corpos, mas das vontades e dos gostos compartilhados, de exercitar o prazer da convivência e a prática da cumplicidade, de aprender a respeitar o outro e a colocar limites, a estabelecer fronteiras para que as individualidades sejam preservadas, de avaliar compatibilidades e idiossincrasias, de pesquisar semelhanças e diferenças, de descobrir afinidades e detectar rejeições, de observar comportamentos e identificar temperamentos.

E conversar, conversar, conversar... Namorar tem que ter tanta conversa quanto carícias, sempre lembrando que conversa é alternância de falas e escutas. E nos comunicamos não só com os olhos, mas com o tato, com o cheiro que emanamos, com as batidas do coração.

Não há, obviamente, uma receita para namorar. Cada casal terá que fazer suas descobertas, achar seus próprios caminhos – e nisso reside justamente o maior encanto do namoro. Namorar é como fazer uma viagem a um país desconhecido que muito queremos conhecer. E nessa viagem podemos ter muitas surpresas, tanto agradáveis quanto desagradáveis: alguns aspectos dos lugares por onde andamos, quem sabe, superarão nossas expectativas, mas outros nos decepcionarão. E se imprevistos ocorrem, sempre há a alternativa de retornar para o local de origem. A qualquer momento podemos interromper a viagem e desistir de continuá-la se não está nos agradando. Para isso, é importante que não haja extravio do passaporte – símbolo de nossa identidade – para não comprometermos o retorno.

Muitas vezes, por carências ou medo de ficarem sós, os namorados negam fortes indícios de que a relação não é viável e a vão prolongando, com interrupções ou sem elas. Qaundo finalmente terminam o namoro, parece óbvio que nada tinham um com o outro, mas essa constatação assim feita, depois de tantos aborrecimentos e frustrações, muitas vezes é percebida bem antes, só que não se ouve a voz da intuição. Veja bem que não dizemos da razão. Também precisamos usar, sim, a intuição e aprender a ouvi-la durante o namoro.

Certamente, hoje, sendo as relações mais autênticas e livres, os namoros se processam num clima de espontaneidade, intimidade e com livre expressão de sentimentos inimagináveis há décadas atrás. E isso se constitui em algo extremamente favorável para que as experiências vivenciadas num namoro possam se constituir num laboratório para a vida conjugal, a qual porventura vier a se estabelecer. E sempre se constituirá numa aprendizagem ímpar de aprender a respeitar os limites individuais para que a área compartilhada não nos absorva por inteiro, a ponto de extraviarmos o passaporte e ficarmos, depois, retidos numa relação estranha.

Ingrediente Indispensável

Insisti muito que o respeito é um ingrediente indispensável nas relações de casal. No entanto, nem sempre em uma relação parece claro o que seja respeitar o outro. Se para respeitar os direitos do outro estamos apenas nos submetendo e deixando, então, de nos respeitar, não nos tornaremos dignos do respeito do outro.

Quando um dos parceiros invoca seu direito de transferir-se para outra cidade, por exemplo, porque lá terá melhores oportunidades de trabalho e o outro alega que tem um emprego estável e será prejudicado se for acompanhá-lo, qualquer um dos dois que ceda em nome do direito do outro para ficarem juntos poderá se sentir desrespeitado em seu livre arbítrio para decidir o que melhor serve para o seu projeto de vida, e isso acarretará não só em prejuízos a sua autoestima, mas poderá ficar como um resssentimento a perturbar o bem-estar e a harmonia futura do casal.

A solução negociada e não imposta, em que se considerem todas as alternativas para minimizar o prejuízo de uma das partes na opção finalmente escolhida, passa pelo respeito mútuo, não se estabelecendo hierarquias de gênero ou *status* profissional. Foi-se o tempo em que a mulher deveria acompanhar o marido fosse onde fosse, assim como não cabe sacrificar a realização profissional de alguém em nome das ambições do outro.

Além da Complementaridade

No tempo de nossos pais ou avós dizia-se que um casal que se relacionava bem era aquele em que um **complementava** o outro. Assim, se um dos dois fosse mais pródigo nos gastos ou mão aberta o outro deveria ser mais contido ou pão duro; se um mais calado o outro mais falante e assim por diante. Nem sempre essa **complementaridade**, capaz de manter a harmonia do casal em muitos aspectos, torna-se benéfica quando se considera a necessidade de desenvolvimento e realização pessoal de cada um. Se sou tímido e introvertido e minha companheira assume todas as iniciativas em nossos relacionamentos com terceiros, isso não permite que eu supere mihas dificuldades de comunicação, as quais, possivelmente, são fontes de angústias e tristezas para mim. Por outro lado, se minha companheira se sobrecarrega com a tarefa de ser a mentora de nossa vida social isso poderia, por exemplo, estar lhe subtraindo energias que talvez pudesse empregar melhor a favor de suas inclinações artísticas, privando-a de fontes de satisfação pessoal e realização profissional que a tornaria mais feliz.

Hoje a espera é de que um casal além de complementar-se em muitos aspectos de sua vida cotidiana (como enquanto um se encarrega do banho das crianças, o outro prepara a refeição) possa, também, **suplementar-se**, ou seja, cada qual agregar valor ao que outro possua como potencialidades. Quando ambos estimulam-se na busca de suas metas intelectuais (em lugar de competirem), por exemplo, ou quando as aptidões de um podem servir de suporte para a exteriorização ou para o desenvolvimento dos atributos do outro. Assim, uma habilidosa pintora pode enriquecer com suas imagens o texto composto por um escritor ou esse sublinhar a beleza das imagens produzidas por aquela com suas bem elaboradas legendas.

Suplemento é aquilo com que os jornais dominicais procuram acrescentar qualidade à edição e trazer um interesse extra para o leitor. Ora, no âmbito do casal, cada um pode acrescentar ao outro algo que o faça brilhar ou destacar-se mais e, com isso, tornar-se igualmente beneficiário desse valor agregado ao outro. E isso só pode ocorrer quando não houver competição ou invejas excessivas interpostas no relacionamento. E, certamente, a disposição de **suplementar-se** na relação pode ser aquele **plus** que permita que se aproximem mais da alquimia íntima em sua conjugalidade.

Mais do que a função de **complementar** é a de **suplementar** que gera um satisfatório vínculo conjugal, ou seja, quando cada membro do casal funciona como um amplificador das qualidades do outro. Em um casal que assim se comporta, cada cônjuge faz ressaltar os méritos que o outro possui e, consequentemente, eleva sua autoestima e, em contrapartida, recebe os frutos da satisfação pessoal que incrementou.

A ideia da **suplementaridade** pode ser resumida na feliz metáfora do frescobol elaborada por Rubem Alves. Diz-nos ele: O frescobol se parece muito com o tênis: dois jogadores, duas raquetes e a bola. Só que para o jogo ser bom, é preciso que nenhum dos dois perca. Se a bola veio meio torta, a gente sabe que não foi de propósito e faz o maior esforço do mundo para devolvê-la gostosa, no lugar certo, para que o outro possa pegá-la. Não existe adversário porque não há ninguém a ser derrotado.

Aqui os dois ganham ou ninguém ganha. E ninguém fica feliz quando o outro erra – pois o que se deseja é que ninguém erre... Ninguém ganha para que os dois ganhem. E se deseje que o outro acerte sempre para que o jogo nunca tenha fim.

Necessidade de Mudar

"Nada há que permaneça, exceto a mudança."
Heráclito, 544-480 a.C.

Há muitos séculos, o filósofo grego já dizia isso, observando as águas de um rio fluir e concluindo que nunca atravessamos o mesmo rio, pois de diferentes águas ele é constituido em cada momento. E ainda que ele não estivesse pensando na relação de um casal, podemos dizer o mesmo dela, ou seja, a cada dia temos um casamento diferente do que existia no dia anterior e que é um terrível equívoco supormos que a pessoa com quem nos casamos será a mesma para todo o resto da nossa existência compartilhada. Nem física nem psicologicamente isso é possivel. É preciso estarmos preparados para a circunstância que, a cada dia, teremos um recasamento a fazer com novos ajustes, concessões ou reivindicações.

Um casal que faz da necessidade de mudar continuamente a pauta de seu relacionamento tem melhores possibilidades de levá-lo adiante do que aquele que mantém a ilusão de preservá-lo como um dia foi, pois, por melhor que tenha sido, jamais voltará a ser o que era. E, não obstante, poderá ser melhor do que foi se ambos estiverem dispostos a transformá-lo cotidianamente.

Fidelidade ou Lealdade?

"Não posso te prometer fidelidade, mas sim lealdade". A frase proferida pelo personagem Diego Rivera a Frida Kalo, em um diálogo do filme sobre a vida da conhecida pintora mexicana e seu amante, pontua o que se esboça como uma variação introduzida no contrato nupcial desses tempos de **casamentos abertos** como alternativa para não deixar que pereçam.

Em tempos idos, de machismo empedernido, a fidelidade era uma **virtude** exigida das mulheres, mas que nos homens era tida como sinal de fraqueza ou pouca virilidade. No emparelhamento dos direitos e deveres conjugais consequentes às reivindicações feministas, a fidelidade deixou de ser uma qualidade que identificava a honra das mulheres e passou a questionar sua presença, num ou em ambos os membros do casal, como indicativo de um casamento bem sucedido. Sem entrar no mérito do seu peso para avaliar a estabilidade de uma relação conjugal, acompanhem os leitores minhas reflexões.

Entre tantas outras centenas ou milhares de homens e mulheres que cruzam nossos caminhos ao longo de nossas existências, podemos, de sã consciência, supor que não há de haver alguém que possa exercer maior atração e **combinar-se** sexual e afetivamente melhor conosco do que aquele ou aquela que escolhemos para uma relação conjugal? Não seria demasiada pretensão acharmos que somos tão especiais para o parceiro que ninguém poderia exceder nossas qualidades e poder de atração? E se em nome da manutenção dos laços conjugais cobrarmos fidelidade do cônjuge quando seu corpo anseia estar junto a outro e sua alma ressoa numa frequência que não é a nossa, isso assegura a capacidade de suprir suas necessidades eróticas ou a permanência da afeição? Ou apenas se constituirá numa demanda egoísta que só acaba por humilhar quem a fez?

Bem, dirão os defensores da velha ordem conjugal, então você está preconizando o sepultamento da fidelidade como alicerce das relações do casal? Absolutamente! Se a fidelidade for conveniada entre os parceiros e lhes for possível cumprir sem deslealdade ou sacrifício esse convênio, que bom proveito faça do acordo estabelecido e honestamente cumprido. O que questionamos é que a fidelidade – e não a lealdade – seja o elemento nodal do contrato do casal.

Se um membro do casal seja lealmente notificado pelo outro que está apaixonado ou sexualmente atraído por alguém e mesmo assim quiser manter a relação e disponibilizar-se a investir na reconquista amorosa o estará fazendo com a dignidade preservada e conhecendo o território em que pisa, sem arapucas a ameaçar-lhe a integridade. Se, no entanto, optar por romper a relação terá menos ressentimentos a carregar e menos propósitos de retaliação a consumar. Claro que o pacto de lealdade em lugar da fidelidade presumida pressupõe um amadurecimento emocional que poucos têm, mas quando isso é possível, sem dúvida incrementa-se a confiança mútua, a qualidade de vida dos participantes do casal e a chance de sua relação perdurar.

Lixo Psíquico[2]

O conceito tem um sentido metafórico, utilizando-se das várias acepções em que o vocábulo lixo é usado atualmente.

Em que consiste o lixo? São resíduos que, dentro do processo da transformação da matéria-prima no produto final, sobram e não são aproveitados. Até algum tempo atrás, acreditávamos que o lixo sempre seria reabsorvido pela natureza com maior ou menor rapidez. A natureza era vista como uma **supermãe nutridora e higienizante**, que providenciava para nós o alimento e, em seguida, reabsorvia as sobras ou as reciclava para que pudessem ser aproveitadas.

Com o passar do tempo, o aumento da população e a despreocupação dos seres humanos em relação aos recursos naturais tidos como inesgotáveis e seus dejetos por elas mesmas absorvíveis, a natureza começou a ficar **intoxicada**, sem mais conseguir eliminar o que se traduzia por sintomas, tais como o aquecimento planetário, as acentuadas perturbações climáticas e o contínuo aumento da camada de ozônio.

Fomos obrigados a rever determinados conceitos, e hoje, entendemos que, se uma parte do lixo que produzimos na natureza tem como absorver, há um excesso que ela não dá conta de metabolizar, daí a preocupação, atualmente, e a conscientização de uma parte sensata e racional dos seres humanos de que precisamos colaborar com a natureza, promovendo a reciclagem do lixo que a sobrecarrega. E faz parte da educação ambiental colocar o lixo no recipiente adequado e no lugar certo, para o que dele possa ser reaproveitado seja reutilizado.

E o lixo psíquico, o que seria?

Seria tudo aquilo que é reprimido, não expresso ou acumulado sob a forma de ressentimentos, angústias e frustrações e que irá poluir nossa relação com os outros e intoxicar nossa mente. O lixo psíquico seria todo o sofrimento que sentimos a mais do que o inevitável em nossas

[2] A ideia, aqui desenvolvida, devo à minha coautora do livro "Alquimia Íntima", Dra. Maria Elizabeth Pascual do Valle.

relações. Podemos identificar a sua presença quando não conseguimos nos sentir em paz, quando estamos angustiados ou com sintomas físicos desencadeados por motivos predominantemente emocionais.

Do mesmo modo que a natureza, temos a possibilidade de metabolizar certa quantidade de lixo psíquico que é proveniente de problemas e conflitos que experimentamos em nosso dia a dia. No entanto, há uma parte desse lixo psíquico que precisamos aprender a reciclar em nossa vida de relação, assim como não **contaminar** o espaço de uma relação com o lixo psíquico que é proveniente de outras.

Quantos de nós nos incomodamos no trabalho e descarregamos em casa, ou seja, deslocando em nosso parceiro sentimentos negativos que não lhe dizem respeito? E, pior ainda, quando não nos damos conta disso ou consideramos normal utilizá-lo como para-raios de nossas frustrações e aborrecimentos diários.

Isso seria como descarregarmos lixo hospitalar em nossa cozinha, contaminando os alimentos com os quais depois vamos nos alimentar. Uma cozinha tem que ser cuidada e mantida higienizada, pois ali se processam as misturas, as combinações de ingredientes e se acrescentam os temperos que satisfazem nosso gosto. E é no âmago de nossas relações que se dará a criação do que irá nos alimentar e encantar nosso paladar emocional.

Não podemos colocar lixo na relação que não tenha resultado dela mesma. Lixo psíquico oriundo do exterior não deve sobrecarregar o recipiente doméstico. Esse deve ser reservado para o que se produz no seu interior. O lar deve ser lugar de reabastecimento emocional, não de descarga de lixo que não lhe pertence. A relação conjugal precisa abastecer cada cônjuge emocionalmente para que isso dê a cada um a necessária energia para enfrentar as dificuldades fora do lar. É do cuidado cotidiano com esta relação que dependerá a obtenção de uma boa alquimia íntima por parte do casal.

Quanto ao lixo psíquico produzido no interior de uma relação conjugal, assim como aquele lixo que resulta de nossas refeições, precisa ser colocado no recipiente adequado até que possamos dar-lhe o devido destino. Sempre que sentirmos que há lixo psíquico acumulado na relação devemos dar um tempo, refletir sobre o que está acontecendo, para que possamos reciclá-lo posteriormente na companhia do cônjuge.

O lixo psíquico surgido na relação do casal pode prover de distintas fontes, mas principalmente de **mal-entendidos**. Já disse alguém que se os seres humanos soubessem efetivamente se comunicar, metade dos problemas surgidos na sua interação estaria resolvido. O primeiro passo para encaminhar sua reciclagem é *reconhecer quando o lixo aparece.* E aí se impõe que procuremos identificar o porquê dos sentimentos de mal-estar, ansiedade ou raiva, os quais sinalizam sua presença. O segundo passo é *ter paciência* e não despejá-lo precipitadamente no colo do companheiro. Quando esses sentimentos estão muito intensos dentro de nós há de esperar que **a cabeça esfrie**, porque a raiva nos impede de raciocinar e nos induz a atitudes de que depois nos arrependeremos. E ninguém melhor do que nós que conhecemos os pontos vulneráveis do cônjuge podemos feri-lo e humilhá-lo como ninguém saberia fazê-lo, aumentando em lugar de reduzir o lixo psíquico. Daí a importância de protelar até o momento adequado a esclarecedora **conversa** entre ambos.

Cada um deverá empregar os recursos que possui para exercitar a paciência e desenvolver a tolerância indispensável e a armazenagem do lixo acumulado para sua posterior reciclagem exitosa. Exercícios físicos, prática de *hobbies* que nos dão prazer, ir a um cinema, caminhar por um parque ou à beira da praia são algumas atividades que não só nos ajudam a desfocar dos problemas que nos afligem, como, muitas vezes, sem que nos demos conta, até nos encaminham suas soluções.

Depois, sim, é chegado o momento de levarmos o lixo psíquico para uma boa **conversa** com o outro cônjuge, dando a necessária relevância à *forma* de transmitir nossos sentimentos, sabendo que ela é tão importante quanto o *conteúdo* do que queremos dizer.

Conforme a maneira como reciclamos nosso lixo psíquico, na companhia e ajuda de nosso companheiro, podemos transformar uma situação com risco de rompimento em uma oportunidade de melhorá-la.

A Importância do Reconhecimento

"Amo-te não pelo que tu és, mas pelo que sinto quando estou a teu lado"

Gabriel Garcia Marquez

O sentimento que esta frase traduz corresponde ao sentir-se confortável e benquisto ao lado da criatura amada. Esse sentimento revela o quanto estamos nos sentindo aceitos como somos pelo outro e nos permite, em sua presença, sermos autênticos e espontâneos. Por outro lado, também evidencia o quanto estamos nos sentindo valorizados e reconhecidos, o que é indispensável para nosso bem-estar e autoestima. O olhar amoroso do companheiro e o reconhecimento de nosso valor individual são elementos indispensáveis para uma boa alquimia íntima do casal.

Para que seja estabelecida uma adequada intimidade, cômoda e satisfatória para ambos, é preciso que os espaços individuais de cada um sejam respeitados e que haja flexibilidade quanto à determinação do que cada um quer compartilhar com o outro num dado momento. A alternativa entre momentos individuais e compartilhados sinaliza mais recursos do casal para alcançar sua alquimia íntima. Há momentos em que o espaço compartilhado pelo casal é maior que o individual de cada um e se um dos dois sente necessidade de recuperar seu espaço próprio na relação, que possa fazê-lo sem culpas e com a aceitação e entendimento por parte do outro, a reconhecer que isso não é contra ele, e sim a favor de quem necessita no momento do resgate de sua individualidade.

E que ambos possam proporcionar um ao outro a privacidade que, porventura, necessitem em certas ocasiões, assim como deixar o companheiro em evidência em momentos de afirmação pessoal sem sentir-se compelidos a rivalizar. Isso, sem dúvida, fará bem ao casal.

Mudando para não Ferir

A frase "*amar é jamais pedir perdão*" ficou popularizada por causa de um famoso filme da década de 1970 conhecido por seu título em inglês "*Love Story*". O impacto trazido pela frase, que coloca o amor como uma situação ideal em que não há lugar para o perdão por não existirem razões para tal, acabou distorcendo o sentido subjacente e que queremos aqui registrar para reflexão dos leitores.

Na verdade, concordamos que no amor não se deve pedir perdão, não porque não existam inúmeras razões para tal, mas porque, ao pedi-lo, quem o faz sente-se liberado para voltar a magoar ou ferir quem o concedeu. O essencial não é pedir perdão, e sim, promover mudanças em nosso comportamento para não mais magoar quem amamos.

Jamais pedir perdão é reconhecer o erro e se imbuir do firme propósito de mudar e não mais machucar o outro. É óbvio que essa é uma meta a alcançar que nem sempre conseguimos, contudo o importante é que isso possa se tornar o eixo norteador da relação. Não adianta pedir perdão e seguir fazendo o que desencadeou o pedido pelo perdão. O fundamental é não ferir quem se ama.

Objetivos Compatíveis

"Amar não é olhar um para o outro,
Mas ambos na mesma direção"

Outra frase que para as mentes adolescentes de então poderia não fazer muito sentido, mas que tem uma profundidade marcante e se situa no espírito do que estamos tentando transmitir neste texto.

Se indagarmos aos jovens como visualizam a imagem de um casal apaixonado provavelmente eles dirão: dois seres olhando-se nos olhos e beijando-se. Essa imagem corresponderia à ideia de que dois enamorados precisam olhar-se nos olhos e perceber o que o outro é, quer e necessita. E diz respeito à ideia de que um casal precisa ter objetivos na vida, os quais possam ser compartilhados. O casal precisa, acima de tudo, é ter **objetivos compatíveis**!

Objetivos individuais compatíveis são essenciais para que o casal possa seguir sua trajetória como tal sem que um dos cônjuges tenha que abrir mão de seus sonhos, aspirações de realização pessoal ou projetos profissionais em benefício do outro. Quando isso ocorre deixa um rastro de amargura naquele que abdicou de suas expectativas individuais para atrelar-se ao projeto do outro. Isso compromete indubitavelmente a viabilidade da relação como casal, pois a incompatibilidade dos projetos de vida é como a impossibilidade da combinação dos elementos para obter a alquimia íntima de que estamos a falar.

Abrir mão de seus desejos ou ter que se desqualificar para qualificar o outro torna qualquer um infeliz e, por consequência, tornará o outro também, pois não se pode almejar a felicidade pessoal à custa de quem se ama, o que, por outro lado, insinua estarmos na presença de uma relação parasitária.

Está claro que projetos originalmente incompatíveis podem ser negociados e é possível chegar a um consenso sobre o que e quando cada um deve ceder, a fim de que ambos não se vejam privados de suas ambições enquanto indivíduos, e a relação possa seguir adiante sem sacrifícios unilaterais.

Quando ambos os cônjuges olham na mesma direção geralmente encontram maneiras de ajudar-se mutuamente na consecução dos objetivos de cada um, pela suplementação de que falávamos anteriormente.

Mas pode acontecer também que circunstâncias imprevistas, em qualquer momento da vida em comum, venham desviá-los do que consideravam objetivos de vida compatíveis e uma separação se torne inevitável.

Reino da Fantasia

Quando o Príncipe vira Sapo e a Princesa Bruxa

Talvez o grande impasse que exista numa relação conjugal é o encontro de duas carências e, à medida que cada um espera que o outro ali esteja para preencher a sua, quanto mais tempo passa mais o príncipe vira sapo e a princesa, bruxa.

Do encontro de duas carências resulta aquela impossibilidade de escutar algo além da própria voz, sempre pedindo ou mesmo exigindo o que supõe ser um direito inalienável seu e que o companheiro tem o dever de providenciar: atenção constante, suportar manias, aguentar humores, pressentir desejos para satisfazê-los a toda hora do dia e noite, tolerar defeitos e aceitar preceitos da família de origem, etc.

À medida que tais exigências deixam de ser cumpridas – e se não o são é por limitações da condição humana e não por desamor, como alegam as queixas recíprocas – vai se instalando aquele clima bélico que azeda qualquer relação. Daí a separação de fato, pois o trajeto vai se pavimentando com uma sucessão de mal-entendidos, que é a praga a corroer a vida conjugal.

Nem sempre se chega a este "*bad end*". Há cônjuges que se dão conta, a tempo, que estão buscando um no outro qualidades que desobriguem cada qual de corrigir suas próprias imperfeições, e tentam reconstruir sua vida conjugal aceitando as limitações que cada um tem, abrindo mão das exigências de perfeição mútua, pois só serão bem sucedidos se não cogitarem fazer do batráquio e da megera de agora o príncipe e a princesa encantados de outrora.

Há quem ingresse num casamento como num reino de fantasia, em que o toque de uma varinha mágica terá o dom de conceder a complementação ideal para suas necessidades e desejos. E é sob essa ilusão que outra mágica é processada, transformando depois príncipes em sapos e princesas em bruxas.

Clones Psíquicos

Os casais, como os indivíduos que os compõem, também têm seu ciclo vital: nascem, crescem, envelhecem e se extinguem como um sistema conjugal. O que acontece é que, assim como as criaturas, há casais longevos, que sobrevivem aos indivíduos que os constituem, e esses são denominados **casais bem-sucedidos**. Se determinadas condições e cuidados permitem aos indivíduos viverem mais anos que o esperado, o mesmo ocorre com os casais. Um desses cuidados refere-se a evitar querer fazer do outro um **clone psíquico** nosso, ou seja, alguém que se comporte como se fosse regido por nossa mente, com os mesmos desejos e expectativas existenciais.

Dirá alguém: mas esse não era o segredo da harmonia conjugal de antigamente? É possível, mas certamente à custa da autonomia de um deles, clonado e submetido à vontade do outro. E, segundo nosso entendimento, nos dias atuais, não pode haver bem-estar e qualidade de vida no casal se não forem respeitadas as individualidades. Acabou-se a **era da posse**. Em tempos de busca dos direitos individuais, ninguém mais aceita ser propriedade alheia.

É indiscutível que o sentimento de posse envenena qualquer relação humana. E se há terreno propício para que ele viceje esse é, sem dúvida, o de uma parceria conjugal. Em cada relação afetiva somos levados a reeditar o vínculo possessivo com a mãe que nos gerou.

Vocês já repararam como todo bebê é um tirano em relação à sua mãe, sempre a demandar pronto e correto atendimento a suas necessidades? Pois bem, esse bebê entra em hibernação até mais tarde se apaixonar e encontrar alguém a quem tiranizar com suas demandas. A relação conjugal é a sonhada oportunidade para o indivíduo sair desse sono letárgico e reativar seu furor exigente na restauração do estado onipotente original de onde emergiu por ocasião do nascimento.

A fantasia primordial do bebê é que a mãe existe em função dele, unicamente para servi-lo e satisfazer suas necessidades. A vida se encarregará de corrigir essa ilusão primária, mas é numa relação conjugal que tenta, reiteradamente, renascer.

Se recordarmos uma vez mais que na composição do vocábulo "**cônjuge**" (*cum* + *jugum*) já se denuncia o caráter de mútuo aprisionamento, torna-se evidente que a *possessão do outro* foi fator determinante na origem das relações conjugais. O sentimento de posse acontece na história dos casais desde suas origens ancestrais, mas nunca como agora se percebeu como ele deteriora o relacionamento conjugal e compromete a felicidade humana.

Os Laços do Bem-Querer

Os únicos laços que unem as pessoas são os do **bem-querer**. Não há outra forma de assegurar o amor de outra pessoa que não pela via do fazer-se amar. Enganam-se aqueles que pensam que podem manter seus pares comprometidos com a relação por meio do controle de seus sentimentos, ações e pensamentos. Submissão gera raiva e não amor.

Querer bem significa renunciar a qualquer forma de domínio sobre o outro e ter sempre presente que o respeito à individualidade do cônjuge é a melhor maneira de conquistá-lo para a indispensável cumplicidade, a qual deve balizar qualquer relacionamento afetivo.

Margaret Mead, famosa antropóloga norte-americana, dizia que "toda mulher que se liberta do jugo de um homem o liberta também do domínio de uma mulher; quando disso os homens se derem conta teremos o encaminhamento para melhores relações conjugais".

"Quem de dentro de si não sai vai morrer sem amar ninguém" cantava Vinicius de Moraes – poeta que, como poucos, soube captar a essência da vida amorosa. Aqueles que centralizam o relacionamento e acham que o próprio umbigo é a referência de seu universo afetivo correm o risco de morrer sem amar ninguém, como diz o poeta, mas, sobretudo, não se fazerem amar também.

A condição *sine qua non* para que qualquer relacionamento a dois seja bem-sucedido é que cada um saiba administrar seu próprio *narcisismo,* que não é, como se pensa, exagerado amor a si próprio, mas incapacidade de se vincular e doar-se a outrem.

Culpa Paralisa

Somos uma geração que foi educada sob o império da culpa, e a culpa, certamente, é má conselheira. Não é conhecido nenhum benefício que o sentimento de culpa tenha trazido aos seres humanos. O de responsabilidade, sim. Mas sentir-se responsável é diferente de sentir-se culpado.

Assumirmos a responsabilidade por nossos atos e intenções diante do cônjuge é diverso de nos sentirmos culpados pelo que fizemos. Inclusive pelo fracasso de uma relação.

Qualquer relação humana é uma via de mão dupla. Não há culpados num casamento que não deu certo, há sim dois seres com responsabilidades compartidas numa relação que não funcionou.

Os cônjuges são seres com identidade própria, isso quer dizer, com vontade própria também. Cada um deles não pode se responsabilizar pelo que corresponde ao livre arbítrio do outro: a escolha que fez do cônjuge, por exemplo.

Por outro lado, a culpa paralisa. Cônjuges monitorados por ela deixam de funcionar como recipientes adequados para as ansiedades do parceiro e acabam por incrementar sentimentos de confusão e desamparo no seio do casal. A culpa, reafirmamos, é má conselheira, não cria nada de construtivo para o casal, apenas maltrata quem a sofre.

Outro Olhar

Está aí um dos ingredientes mais importante – diria até absolutamente indispensável – para o processo de aquisição da alquimia íntima. Colocar-se no lugar do outro é um exercício altamente recomendável para a saúde conjugal. Que tal dedicarmos umas horinhas semanais, como fazemos com os abdominais e alongamentos para eliminar as gordurinhas indesejáveis ou a flacidez dos músculos, para uma prática que visa prevenir crises e o envelhecimento precoce da relação conjugal?

Se todo cônjuge praticasse o hábito de se colocar no lugar do outro e com ele interagisse da mesma forma como gostaria que o outro interagisse com ele, grande parte dos ressentimentos, mágoas e mal-entendidos que circulam na intimidade do casal estariam eliminados.

É claro que como os relacionamentos são feitos de **trocas** não basta que apenas um dos dois faça isso, trata-se de um exercício a ser praticado em conjunto. É tão eficiente que o adotamos como uma técnica a ser reiteradamente aplicada nos casais que estão em terapia comigo.

Crise Conjugal ... Ameaça ou Oportunidade?

Você está vendo esta figurinha?

Trata-se da palavra CRISE escrita em caracteres chineses, sendo um dos ideogramas **ameaça** e o outro **oportunidade**.

Usualmente, crise é uma expressão utilizada com uma conotação negativa, referente apenas ao seu significado de **ameaça** ou **catástrofe iminente**. Mas, como sugere a forma grafada pelos chineses, ela também pode ter o sentido de **oportunidade** e nada é mais verdadeiro em se tratando de **crises conjugais**.

Nela, tanto os cônjuges podem ficar **paralisados** pela ameaça ou **ativados** pela necessidade de enfrentá-la e propor as necessárias mudanças em sua relação para que essa se renove e revitalize.

Uma ilusão que carregamos ao longo de nossa existência é a ideia de que um dia poderemos viver sem angústias, sem conflitos ... sem crises, enfim!

A noção de felicidade está intrinsecamente vinculada à ideia de ausência desses fatores perturbadores da nossa existência. No entanto, se quisermos experimentar o estado de bem-estar conjugal que definimos como felicidade, é preciso que levemos em conta as singularidades de cada um e que estejamos constantemente negociando as divergências, resolvendo conflitos e vendo as crises como oportunidades de revisar a relação e não como ameaças de sua dissolução.

Assim visualizadas ou entendidas, as crises podem proporcionar um salto evolutivo para níveis mais satisfatórios de realização dos potenciais da vida conjugal. A expressão **crise** no casamento só é sinônimo de ameaça quando não há predisposição para vivenciá-la como oportunidade de experimentar as mudanças que ela está sinalizando como necessárias para dar um "*up grade*" na relação.

A Regra de Ouro da Alquimia Íntima

Con + versar para Con + viver

Helen Kaplan, famosa sexóloga, dizia que "ser amante satisfatório tanto para si mesmo como para o outro sem comunicar-se é como tratar de aprender tiro ao alvo com os olhos vendados".

Conversar ... conversar... e ... conversar para viver melhor juntos! Essa é uma regrinha de ouro para estabelecer a alquimia íntima. Mas conversar, como vimos, implica escutar tanto quanto falar. Temos duas orelhas e uma só boca como se a natureza quisesse nos sinalizar que precisássemos mais ouvir do que falar. Porém, habitualmente, não é o que ocorre entre casais: mesmo quando um aparentemente está escutando, o outro, em silêncio, já está pensando no que vai dizer para contrapor-se ao que foi dito. É curioso observar em casais em terapia como frequentemente sucede que, enquanto um fala, o outro nem escuta, pois já está ruminando o que irá contestar em seguida.

Conversa, como já referimos, é um termo do latim *cun-juntos + versare – mudar,* o que pressupõe que ambos os interlocutores saiam dela com alguma mudança ou transformação em sua maneira de sentir, pensar ou agir. Conversa em que isso não sucede não é conversa, é monólogo, em que cada um só escuta a si próprio, só dá ouvidos as suas próprias razões e argumentos. Vocês se lembram do que dissemos antes sobre **colocar-se no lugar do outro?** Pois, as conversas entre os cônjuges têm que privilegiar isso para serem produtivas.

O diálogo deve ser considerado uma forte base para o conhecimento mútuo necessário para que se alcance a desejada alquimia íntima. Se não houver diálogo não há como cada um saber o que está se passando na mente do outro; e isso impossibilita que se consiga aquela maior intimidade e cumplicidade indispensáveis para uma relação satisfatória.

A grande dificuldade para aprender a conversar é que, geralmente, nas famílias de origem, o diálogo não foi exercitado, e então, faltam modelos de como fazê-lo. A criatividade como casal terá que suprir essa falta e, no cotidiano de sua relação, será necessário desenvolver o hábito e as habilidades do con+versar para juntos mudarem o que tiver que ser mudado.

Nossa busca de alquimia íntima começa e termina com o segredo do **bem conversar para bem conviver.**

CAPÍTULO 9

Desistindo do Relacionamento

Não há dúvida de que a relação que mais exige das pessoas para que funcione e dê certo é a relação conjugal. São duas criaturas, com diferentes histórias de vida até então, originárias de famílias distintas e de meio ambientes diversos, quando não de cidades, países ou culturas outras que não a sua, com crenças, valores e gostos já bem definidos quando se encontram e decidem, dali em diante, compartilhar sua intimidade física e psicológica. Complexo não é mesmo?

Portanto, não é supreendente quando, após o enamoramento inicial, tecido na trama de idealizações mútuas e com acentuada inclinação a não ver mais que afinidades e semelhanças entre eles, os cônjuges comecem a perceber que não são assim tão afins e parecidos como imaginavam e as desavenças comecem a aparecer. Nada que não possa ser negociado e acomodado quando o afeto persiste e tais discrepâncias, no modo de ser e proceder, não implique em quebra de confiança e abalo da lealdade que alicerça uma relação conjugal viável.

Não é incomum um dos cônjuges, por força do próprio amadurecimento pessoal e do que a convivência com o parceiro vai mostrando, dar-se conta de que a pessoa com quem pensa haver casado nunca existiu, que o amor vivenciado foi por um **fantasma** criado ou na sua imaginação à imagem e semelhança de seus valores e expectativas. Com o passar dos anos, esse fantasma se esfuma e o ser real que fica em seu lugar vai se distanciando do que possa representar um companheiro com o qual queira seguir vivendo.

Eis a seguir alguns fatores predisponentes para que se desista de um relacionamento.

Imaturidade

O primeiro, e talvez, mais importante fator para o fracasso de uma relação conjugal diga respeito ao modo como, após um curto e insuficiente período de namoro e conhecimento recíproco, afoitamente os casais decidam imergir numa vida comum, sem nem ao menos perceberem com certa clareza as arestas que possam surgir tanto na intimidade física quanto na experiência que terão. Isso corresponde à imaturidade do casal para assumir a responsabilidade de uma vida em comum antes de saberem o que pretendem de suas existências.

Impossibilidade de Conversar

Além das dificuldades já apontadas para que se aprenda a conversar pela falta de modelos na geração precedente, há pessoas que não conseguem conversar porque têm níveis de abstração diferentes. Um casal, por exemplo, em que um dos cônjuges sinalizava ao outro sua necessidade de mais espaço na relação e esse se mostrava surpreendido, indagando se queria referir-se a um espaço maior no guarda-roupa. Há também cônjuges que, por uma tendência narcísica, ou seja, tomando-se como o centro do universo, só escutam a si próprios e, mesmo quando aparentemente estão a ouvir o interlocutor, na verdade, já estão a pensar no que irão dizer-lhe a seguir. Essas dificuldades de comunicação geram situações que configuram o que, nas justificativas para uma separação judicial, denomina-se **incompatibilidade de gênios** ou **erro essencial de pessoa**, quer dizer, não houve um fato relevante para o rompimento da relação, mas sim uma sucessão de desencontros ao longo da vida em comum.

Projetos Incompatíveis

É possível vermos casais que se amam e se respeitam decidindo se separar porque chegaram à conclusão de que o projeto de vida de um dos cônjuges será desastroso para o outro. Seja, por exemplo, a situação de um recasamento em que um dos cônjuges quer ter filhos porque não os teve ainda e o outro não quer ou não pode mais ter filhos. Esses são projetos incompatíveis, os quais só trarão frustrações ou desacertos se o casal quiser manter a relação. Na relação, é fundamental que cada qual possa levar adiante seus objetivos de vida e, quando esses não são compatíveis, a relação se vê ameaçada, pois implica em violentar a própria natureza humana de um ou de ambos os cônjuges.

Ao considerarmos a questão das separações conjugais, três indagações nos veem logo à mente: *Por quê? Quando? Como fazê-la?*

A primeira e inquestionável razão para uma separação é obviamente a ocorrência de situações de agressão física, humilhação ou desrespeito entre os cônjuges. Inclui-se aqui também a desconsideração pelo outro contida na sua contaminação por doenças sexualmente transmitidas adquiridas em relações extraconjugais. Saliente-se que o que está em pauta não é tanto a infidelidade subjacente, mas a absoluta irresponsabilidade e negligência com a saúde e até a vida do outro. Essas são situações extremas pela falta de cuidado e respeito pelo companheiro em que se impõe uma separação, a qual quando não ocorre está a demonstrar um acentuado grau de submissão e masoquismo por parte da vítima da contaminação.

Há inúmeras outras situações que levam um casal à separação sem tamanho dolo. Poderíamos resumi-las numa só e primordial razão: o sentir-se infeliz na relação independentemente do motivo.

Olhar para frente e não vislumbrar a possibilidade de desejar continuar convivendo e, muito menos, envelhecer ao lado do cônjuge é o principal indicador de que não se está feliz na relação.

E quando se separar? Quando se perde a esperança de vir a reatar o vínculo amoroso que havia antes é o momento para se separar.

Muitos casais adiam a formalização de uma ruptura, a qual na convivência diária já ocorreu, para depois que os filhos se emanciparem e saírem de casa a pretexto de não lhes causarem traumas ou por se sentirem obrigados a concluir a tarefa imposta de se responsabilizarem pelos filhos até a idade adulta deles. Ora, isso pode torná-los ressentidos mais tarde com os filhos por julgarem que eles foram indiretamente responsáveis pelo prolongamento de um casamento infeliz ou por tê-los impedido de ir à busca de um novo relacionamento mais satisfatório.

É comum ouvir pais, e mais frequentemente mães, queixando-se a seus filhos: "Sacrifiquei minha vida por vocês (significando deixei de buscar com outra pessoa a felicidade conjugal que não tive) e agora nem se importam comigo". Cônjuges que não se separam **por causa dos**

filhos acabam cobrando deles pela vida afora o que não lhes é devido, pois, afinal, não foram eles responsáveis pela decisão dos pais de permanecerem juntos contra sua vontade. Deixar de viver por causa dos filhos é o pior a se fazer para eles e por si próprio.

O maior legado que os pais podem deixar aos filhos é a imagem da sua felicidade pessoal. Pais felizes são aquilo que os filhos querem e precisam como modelos e motivação para sua busca de realização nas relações que, porventura, venham a estabelecer posteriormente. Um casamento infeliz mantido sob o pretexto da família unida em função dos filhos é fruto de aborrecimentos constantes, não só para o casal como para os próprios filhos. Por outro lado, deixar aos filhos o exemplo de como somos capazes de corrigir erros e não desistirmos de existir enquanto seres submetidos ou acomodados numa relação insatisfatória poderá ser de grande valia para estimulá-los a não se deixar abater pelas vicissitudes que a vida lhes trouxer no futuro.

Ao longo da nossa vida pessoal e profissional, temos testemunhado que filhos de pais separados e recasados mostram-se satisfeitos ao verem os pais felizes noutra relação e aliviados por se verem livres do clima tenso e permeado de discussões, quando não de agressões, vivido enquanto eles estavam juntos.

Claro está que, para que se assegure o bem-estar dos filhos de um casamento que se desfez, é muito importante o *como* se processou essa separação. Cônjuges que usam os filhos, durante e após o processo de separação, como instrumentos de retaliação contra o ex-cônjuge, obviamente estão colocando o amor por seus filhos em segundo plano em relação a mágoas e ressentimentos por um casamento malsucedido. Felizmente, tem havido progressos na população em geral quanto à conduta em relação aos filhos por ocasião de separações conjugais. O crescente número de acordos quanto à guarda compartilhada dos filhos é um indício do que afirmamos. E, de certa forma, tem se deslocado para a questão da partilha de bens o ânimo belicoso dos cônjuges em litígio, poupando os filhos de ficarem como mariscos entre o mar e o rochedo.

O como se separar nos conduz ao tema do próximo capítulo, pois o desejo de proceder a separações menos tumultuadas e com menor sofrimento para o casal e seus filhos é, sem dúvida, uma das razões evocadas para a procura de ajuda de um profissional.

CAPÍTULO 10

Quando há Necessidade de Ajuda

Hoje um número crescente de casais procura aconselhamento em consultórios psicológicos quando não conseguem resolver seus conflitos e suas situações de impasse no relacionamento. As novas configurações familiares e os padrões de constituição de um casal os levam a enfrentar situações para as quais não existem referências na geração anterior, o que faz com que se sintam inseguros e despreparados para lidar com situações tanto inéditas quanto perturbadoras. Tome, por exemplo, a necessidade de conviver com filhos de casamentos anteriores dos cônjuges no contexto de novas pautas relacionais das gerações nos tempos atuais, em que os filhos reivindicam direitos e confrontam os pais de uma maneira sem precedentes no passado.

Como são os casais que hoje nos procuram em nossos consultórios?

Atualmente, atendemos casais heterossexuais em diferentes estágios da vida, referindo distintas modalidades de **crises conjugais**, querendo salvar seus casamentos ou separar-se de uma forma mais tranquila; casais homossexuais querendo assumir sua condição diante de suas respectivas famílias e da sociedade ou desejando adotar filhos; casais recasados com filhos de casamentos anteriores coabitando; casais de meia idade querendo experimentar novas formas de relacionamento e liberação das repressões sexuais que sofreram; casais de namorados que não querem reproduzir a insatisfação que percebem nas relações conjugais de seus pais e seus amigos; entre outras tantas situações mais. A diversidade nos surpreende e encanta e, ao mesmo tempo, exige o máximo de nós como pessoas e terapeutas. Cada vez mais se experimentam diferentes formas de viver como casal na mesma ou em casas (e até cidades) separadas, com ou sem legalização do vínculo matrimonial, aceitando ou não relações extraconjugais, e assim por diante.

E qual nosso papel como terapeutas? Certamente não o de árbitros de decisões alheias, nem o de moralistas de plantão. Somos, basicamente, catalisadores de um processo de mudanças almejadas pelo casal, cabendo-nos ajudá-los a desconstruir preconceitos e mitos sobre a felicidade conjugal e a aceitarem que há muitas maneiras de obtê-la que não constam dos modelos que a tradição nos legou.

O respeito aos valores dos pacientes é fundamental para o exercício desse papel, mesmo que sejam diferentes dos nossos. A isenção como terapeutas não nos autoriza a insinuar – e muito menos a decidir – o que é bom ou certo para a relação daquele casal que nos procura. Nosso papel é o de facilitadores da comunicação tantas vezes truncada entre os membros do casal por reiterados mal-entendidos; de mediadores dos conflitos; de propiciadores da aprendizagem de como conversar, no sentido já apontado de **mudar juntos**, o que implica promover o desenvolvimento de capacidades para escutar um ao outro tanto quanto a si próprios; enfim, fornecer-lhes subsídios para que saibam como reciclar seu **lixo psíquico**.

Cumpre-nos trabalhar sua autoestima, o respeito mútuo e criar o clima propício para o processo dialético que permita ao casal superar seus dilemas. Que possamos ajudá-los a reconstruir sua relação, quando essa for sua vontade e disposição; e que possamos igualmente ajudá-los a se separarem com o menor sofrimento possível, quando isso for inevitável e fruto de sua decisão, não nos opondo a ela em nome do que equivocadamente supormos ser nossa missão como terapeutas, ou seja, mantê-los juntos a todo o custo.

Em suma, cumpre-nos olhar este casal como único, estar atento a sua realidade e desejos, e cuidarmos para que nossos valores e o modo de pensar não interfiram em suas vidas. Cabe-nos auxiliá-los a desenvolver seus próprios projetos existenciais, reconhecer-se como um sistema binário de necessidades e vontades, semelhantes ou não, mas que, se diversas, não devem ser mutuamente impostas.

Observamos que muitos terapeutas de casais enfatizam que para que o casal seja viável precisa ter projetos compartilhados. O que parece mais importante, como já assinalamos, e por sua importância voltamos a repetir, é que tenham projetos compatíveis, sejam esses compartilhados ou não, ou seja, que olhar na mesma direção é mais importante que olhar um para o outro.

O que tantas vezes gera conflitos em um casal é a noção que tenham que se atrelar um ao outro na consecução de seus projetos pessoais de vida, o que acaba por acarretar prejuízos a ambos e a frustração por sentirem que o companheiro constitui-se antes em obstáculo do que em elemento colaborador.

O casal é um sistema humano complexo e delicado, cujos componentes provém de distintas culturas familiares, quando não de diversas etnias ou nacionalidades, com hábitos e linguagens diferentes, o que torna a tarefa de compatibilizá-los no contexto do vínculo conjugal algo extremamente desafiador e laborioso.

A convivência é um aprendizado que dura a vida toda, nunca está concluído, e nossa tarefa como terapeutas de casais centra-se justamente em assessorá-los nessa aprendizagem.

mais importante, como já assinalamos, é [illegible] voluntária [illegible] repetir, e que tenham projetos comuns, e estes sejam compartilhados [illegible]

[illegible]

[illegible]

CAPÍTULO 11

A Família no Laboratório: Um Modelo para Repensar as Relações Familiares

Quando tratamos das **reconstruções familiares** fizemos referência à necessidade de encontrar um espaço institucional ou um enquadre no qual pudéssemos melhor investigar e compreender as peculiaridades dessas novas estruturas familiares emergentes no contexto sociocultural do mundo ocidental contemporâneo.

Pela impossibilidade dos casais, que reconstroem suas famílias em novos relacionamentos afetivos, de recorrerem aos modelos das gerações anteriores para pautarem seu comportamento familiar, uma vez que essa é uma experiência não vivenciada pelos pais ou avós, carecem de referenciais que lhes permitam incorporar formas consensuais de lidar com as novas configurações vinculares emergentes nessas recomposições familiares.

Para preencher essa lacuna, que obviamente afeta o desempenho e o bem-estar desses casais em suas reconstruções familiares, propomos uma atividade que denominamos **laboratório de relações humanas na família**, e que visa, primordialmente, abrir um espaço para repensar as vicissitudes desses novos agrupamentos familiares, os quais estão se tornando cada vez mais frequentes e, além disso, gradativamente mais diferenciados e polimorfos.

A denominação **laboratório** privilegia o caráter experimental da abordagem proposta, na qual, respeitando a natureza empírica do processo, haja espaço para a pesquisa de soluções alternativas a partir do intercâmbio de experiências e de informações entre os participantes do laboratório. A quem coordena o laboratório caberia motivar os seus participantes a questionarem e não a buscarem respostas prontas, e também, a conviverem com as dúvidas que permeiam todo o encontro com o desconhecido, estimulando-os a romperem com os estereótipos de um conhecimento que se mostra ultrapassado e antioperativo quando tentamos aplicar as modalidades de convívio familiar sem precedentes.

O laboratório, tais quais as situações familiares que nele são habitualmente exploradas, não se referencia nos modelos preexistentes, pois não pertence nem ao campo **terapêutico** nem ao **pedagógico**. O laboratório é, portanto, uma nova proposta de abordagem grupal que, embora possa ter aspectos terapêuticos ou pedagógicos, não se enquadra em nenhuma dessas categorias operativas.

No curso de seu processo, o laboratório procura não só ativar a criatividade dos participantes para que encontrem novos paradigmas de convívio familiar, como busca igualmente ativar-se para criar sua própria e original categoria operativa.

O laboratório poderá se apresentar sob distintas modalidades funcionais, entre as quais mencionaremos três que consideramos prototípicas:

1. Encontros semanais com grupos constituídos de três ou quatro casais que estejam reconstruindo famílias.
2. Encontros semanais ou quinzenais com membros de uma família em processo de reconstrução.
3. Encontros de finais de semana com pais e filhos de diferentes famílias reconstruídas ou em reconstrução.

O objetivo precípuo do laboratório é propiciar a seus participantes um espaço de reflexão conjunta sobre as interações familiares e suas vicissitudes no contexto dessas novas estruturas familiares.

Além da discussão livre de situações aportadas pelos participantes, eventualmente são utilizados – e na medida da demanda feita pelos próprios participantes – recursos audiovisuais para ilustrar determinada situação a ser mais bem explorada e compreendida (por exemplo, a exibição e posterior discussão conjunta de filmes em vídeo com temática relacionada a questões suscitadas em encontros anteriores), bem como leituras compartidas de textos técnicos ou ficcionais que amplie o universo cognitivo dos participantes em relação às vivências familiares. Na modalidade ampliada do laboratório – os encontros de final de semana com membros de várias famílias em situação similar –, poder-se-á convidar um especialista em determinado setor vinculado à temática do laboratório, como um advogado da área de direito de família, para esclarecer dúvidas dos cônjuges e de seus filhos sobre aspectos legais que regulam (ou deixaram de fazê-lo) sua atual situação familiar face às anteriores. Tais profissionais poderão participar da experiência do laboratório também na condição de pesquisadores, para nele colherem subsídios para posterior aprimoramento da tarefa jurídica na análise dos direitos e deveres no âmbito familiar.

Enfim, o laboratório é um instrumento de aprendizagem para todos que nele se incluem, seja na condição de coordenadores, de membros participantes ou de eventuais colaboradores.

Considerando que, num certo sentido, as famílias hoje, de uma forma ou de outra, estão tendo que se reciclar face às profundas transformações nos valores morais e na práxis interativa da sociedade contemporânea, não seria de todo indevida a afirmação de que as famílias, em geral, estão em reconstrução, e o laboratório, enquanto categoria operacional, seria um espaço privilegiado para analisar, compreender e propor soluções alternativas para as questões existenciais das famílias de hoje.

CAPÍTULO 12

Conversando com e sobre Casais e Famílias: Perguntas e Respostas

Neste capítulo, selecionei algumas das centenas de perguntas a mim dirigidas em palestras realizadas sobre a temática **família** e para as quais procurei elaborar respostas, tanto quanto possível, semelhantes às que então proferi verbalmente, procurando trazer para o texto escrito o estilo coloquial presente na interação com os auditórios das mencionadas palestras.

Sobre a Crise da Família

O senhor pensa, como afirmam alguns, que a tradicional família cristã está em crise e até ameaçada de extinção? E, se assim for, quem se encarregará da educação dos filhos: o Estado?

Não me incluo entre os que vaticinam a morte da família ou a consideram substituível com vantagens por um modelo pré-fabricado pelos desígnios do Estado, que, mesmo em sua feição democrática, não é uma entidade tão neutra quanto se supõe e, certamente, mais nociva do que se imagina no tocante à tarefa educacional.

Por outro lado, também, não teço loas à tradicional família cristã, nem lastimo sua decadência, responsável que foi pela institucionalização da hipocrisia como pauta de relação entre os sexos e da culpabilização como instrumento formador do caráter filial.

A família é anterior ao Cristianismo e ao próprio Estado, e seu futuro, bem como seu aperfeiçoamento como matriz de nosso comportamento social, não está intrinsecamente vinculado aos destinos da Igreja ou do Estado. Ela tem e continuará tendo sua própria trajetória como instituição, embora obviamente sofra a influência de todas as manifestações, seja da racionalidade como da irracionalidade humana.

O que se entende por morte da família? De onde tirou essa ideia?

O termo **morte da família** foi o título dado a um dos livros do psiquiatra inglês David Cooper que, com seu colega Ronald Laing, criaram o movimento denominado **antipsiquiatria**, o qual visualiza as instituições psiquiátricas como instrumentos de opressão social, preconizando sua extinção. No tocante à família, Cooper entende que ela é um modelo miniaturizado da organização social e política alicerçada na opressão de uma classe por outra, ou de um país por outro, tendo se especializado na produção da loucura de seus membros tal qual essa sociedade opressora se especializou na marginalização dos que a contestam ou que a ela se opõe. Segundo ele, a família, por seu poder destrutivo, deve terminar e ser restaurada sob novas premissas.

Quando se fala em morte ou desintegração da família no mundo contemporâneo, está se aludindo a seu fracasso, particularmente no que se refere à transmissão de determinado sistema de valores, tido como desejável pelo *establishment.*

Se a família está permanentemente em crise, o que seria uma família normal?

Embora seja temerário enunciar qualquer definição do que seja normalidade, por ser este um conceito predominantemente estatístico – e que, segundo Ajuriaguerra, a rigor não existe, pois "a normalidade é até certo ponto uma criação no quadro de possibilidades que nos foram concedidas e das aquisições que fomos conquistando" –, vamos nos arriscar a listar alguns elementos que, em nosso entender, contribuem para a qualidade de vida familiar e, consequentemente, predispõem à sua normalidade.

Sempre que conceitualizamos **normal**, tendemos a aproximá-lo de um **ideal** nem sempre alcançável. Vamos ver, portanto, quais elementos, esquematicamente, identificam uma família normal ou ideal de nossos tempos. Essa seria uma família em que: a vida sexual do casal que a originou é satisfatória e não tenham os cônjuges exilado de sua convivência a tolerância mútua para com as diferenças que possuam; os pais encontram certa complementaridade no exercício de suas funções junto aos filhos, o que não exclui divergências de opinião e atitudes, pois, mais importante que um entendimento inautêntico, é a coerência pessoal; os irmãos pautam seu relacionamento antes pela solidariedade e cumplicidade do que pela rivalidade; haja livre e genuína expressão de afeto e se privilegie o respeito à autonomia de cada um; os filhos se sintam incentivados pelos pais a se individualizarem e a desenvolverem seus próprios projetos de vida; e os pais, por sua vez, sintam-se estimulados pelos filhos a não renunciarem seus direitos à realização pessoal por eles; não se decretem afinidades com o pressuposto de manter unida a família, mas que possam, quando porventura existirem, fluírem espontaneamente pela interação empática; enfim, todos estejam comprometidos num processo coletivo em que as responsabilidades terão que ser divididas de tal maneira que cada um dê, na medida de suas possibilidades, e receba de acordo com suas necessidades.

O desejo dos filhos de se afastarem da casa de seus pais está relacionado com a crise da família?

Esse desejo, radicado numa busca de autonomia, foi mais intenso nos anos de 1960/1970 do que é hoje. Creio que esse declínio se deva basicamente por dois fatores: 1) A diminuição dos confrontos entre as gerações, muito intensos naquelas décadas em função da nova ordem sexual e das reivindicações pelos direitos dos jovens, os quais acompanhavam os movimentos contestatários de natureza política; 2) As crescentes dificuldades dos jovens em se colocarem no mercado de trabalho em virtude do crescimento demográfico e da falta de soluções político-econômicas para fazer frente a essa nova realidade populacional.

Em razão disso, tem havido até um movimento de retorno aos lares de origem, pois os jovens não encontram condições de se sustentarem, de serem autossuficientes e constituírem novas famílias sem o suporte dos pais. Esses, por seu turno, cada vez mais têm dificuldades em propiciar aos filhos a tão sonhada autonomia fora de suas próprias casas, em virtude dos custos serem por demais elevados para a atual realidade econômica das famílias em geral.

Claro está que estamos sempre considerando, nessa como nas demais respostas, a situação das chamadas famílias nucleares de classe média dos centros urbanos brasileiros, já que não há como abranger, num único contexto, famílias de todas as latitudes e classes sociais.

Relações Conjugais

Se homens e mulheres estão cada vez mais empenhados em preservar sua privacidade e autonomia, haverá espaço para a vida conjugal no futuro?

Penso que sim, e, quiçá, com mais qualidade de vida para os sinejuges do futuro, como os batizei páginas atrás. O espaço de compartilhamento de um casal tende a se enriquecer com o respeito mútuo às áreas que demandam privacidade, isolamento ou convivência fora do par conjugal. Já não se considera que estar sempre juntos é um atestado de felicidade conjugal, quando muito será uma comprovação de recíprocas submissões.

Recordo a descoberta que os membros de um casal fizeram quanto à possibilidade de usufruírem cada um do prazer de uma sessão de cinema sem a companhia do outro, por terem distintas preferências em relação ao filme a assistir. Quando concediam mutuamente o direito de escolher, cada qual por seu turno, o filme de sua preferência e iam assisti-lo juntos, acontecia que nenhum dos dois divertia-se, um porque não lhe agradava aquele gênero de película, e outro porque passava a sessão toda preocupado com o desagrado imposto ao cônjuge. Quando descobriram que podiam ir separados assistir ao filme de sua preferência em cinemas vizinhos e depois jantar juntos no restaurante de comum agrado, um novo prazer surgiu em seu relacionamento.

Da mesma forma, o cidadão, cujo ronco perturbava o sono da companheira e que igualmente tinha o seu fragmentado pelas sacudidas e admoestações dela, incrementou a harmonia e bem-estar do casal quando decidiu dormir na cama do quarto ao lado, vago desde o recente casamento da filha.

Se para ter vida sexual e gerar filhos cada vez menos é preciso de uma união conjugal, isso significa que apenas o amor sustentará uma relação de casal?

Uma relação conjugal sustenta-se nesse tripé: *atração sexual, desejo de gerar filhos* e o que chamo *laços do bem-querer*. E esse querer bem abarca uma gama de sentimentos e necessidades que vai desde a paixão (ou **amor** a si próprio espelhado no outro) até a devoção (ou **amor** a outrem com a renúncia a si próprio), passando pela amizade, desejo de companhia, compartilhamento de afinidades, hábitos adquiridos em conjunto, círculo de relações estabelecido, enfim, todo um espectro de emoções interativas que constituem a motivação para viver uma relação conjugal.

Mas e o amor romântico, onde fica? Ele continuará a existir, pois o amor romântico é uma promessa de afeição que só se materializa numa relação conjugal quando ela propicia trocas, e essas trocas só ocorrem quando o amadurecimento pessoal de ambos os cônjuges possibilita que seu encontro não seja o de duas carências a demandar satisfação, e sim, o de uma latente disponibilidade para oferecer o que se adquiriu pela convivência.

Relações Pais e Filhos

Como resolver o conflito entre as gerações?

Vida é conflito. Não há como evitar conflitos no convívio humano porque premissas diferentes geram, inevitavelmente, confrontos e, como diz o ditado, "cada cabeça, uma sentença". O que é viável, contudo, é reduzir ao mínimo possível as tensões existentes entre pais e filhos pelo mútuo reconhecimento dos direitos e deveres de cada um. Por outro lado, essas tensões poderão ser abrandadas na medida em que os pais deixem de usar os filhos como instrumentos de suas realizações pessoais, e esses, por sua vez, possam compreender que são a consciência viva da finitude de seus pais, ou seja, que o simples fato de estarem se tornando adultos comprova a inevitabilidade da velhice e a morte dos pais, o que gera neles intensas, e nem sempre, reconhecidas ansiedades existenciais, certamente não menores do que as que permeiam a adolescência de seus filhos.

O "conflito de gerações" não tende a desaparecer com a maior comunicação e o entendimento entre pais e filhos?

Digamos que, numa projeção futura, a tendência é reduzir a brecha entre gerações na medida em que haja maior comunicação e intercâmbio afetivo entre pais e filhos, mas ainda estamos longe disso. Até poderia dizer que, pela aceleração das mudanças comportamentais em nosso século, o hiato já não ocorre entre uma geração e outra, mas dentro de uma mesma geração: não estaríamos exagerando ao afirmar que há maiores diferenças no modo de encarar a vida entre o irmão mais velho e o caçula de uma família numerosa de nossos dias do que entre pais e filhos décadas atrás. Um indivíduo de 30 anos hoje já é considerado por um adolescente um **coroa**, no qual – como diz o mote da canção – não poderá ele confiar, pois estão inseridos em distintas escalas de valores, ainda que separados cronologicamente por apenas meia geração.

Como exercer a autoridade sobre os filhos sem ser autoritário?

A autoridade diz respeito à colocação de limites, sem os quais a vida em sociedade não seria possível. É, portanto, necessária e indispensável. A autoridade não se exerce, ela emana de quem a possui. Vincula-se ao princípio que rege, ou deveria reger, qualquer relacionamento humano: a liberdade de cada um termina onde começa o direito do próximo.

O autoritarismo é parente próximo da repressão, do uso e abuso do poder de um ser humano sobre o outro, e, portanto, é prejudicial, é nefasto às relações humanas.

O sentimento de posse, indubitavelmente, envenena as relações pessoais. Ninguém, filho ou pai, jovem ou idoso, homem ou mulher, gosta de sentir-se propriedade de outrem. Todas as grandes revoluções da História foram contra formas de opressão ou escravidão. E continuam sendo.

A autoridade é uma entidade normativa do desenvolvimento dos homens e de suas instituições. O autoritarismo é um desvio ou perversão da autoridade.

O autoritarismo não foi inventado pelos adultos como muitos filhos pensam. De certa forma, podemos dizer que ele nasce com o indivíduo e está sempre a ameaçar a convivência humana.

O bebê é um ser autoritário. Ele age como se sua mãe – ou seus pais – existisse apenas em função de suas necessidades. E se os pais não sabem ou não conseguem pôr limites a esse desejo ilimitado de domínio do bebê, ele, no futuro, se transformará numa criança, num adolescente tirânico. E, mais adiante, provavelmente, num adulto opressor ou em um pai que igualmente pensará serem seus filhos propriedade dele e meros executores de seus desejos.

Filhas ou filhos tirânicos originam esposas ou maridos igualmente tirânicos e estes, por sua vez, mães ou pais tirânicos. Daí a importância de cortar esse círculo vicioso em sua origem.

Por outro lado, pais em total e permanente estado de disponibilidade não ajudam os filhos a reconhecerem seus limites. Crianças ou adolescentes cujos pais não lhes imponham limites podem sentir isso como abandono.

Achar a exata medida para que a autoridade dos pais possa ser exercida sem cair no autoritarismo é antes função de um talento inato para o exercício das funções parentais do que resultado de fórmulas pedagógicas que possam ser fornecidas por especialistas.

Como os pais podem assegurar uma boa relação afetiva com seus filhos?

Costumamos dizer que os únicos laços que amarram afetivamente as criaturas humanas são os laços do bem-querer. Isso é válido tanto para as relações conjugais como para as relações parento-filiais. Não há outra forma de assegurar o amor dos filhos pelos pais (e vice-versa) que não seja pelo livre e espontâneo exercício do bem-querer. E querer bem tanto pode ser dar ao outro consciência de seus limites como renunciar a qualquer forma de domínio sobre a sua pessoa.

Qual a culpa que cabe aos pais nos problemas dos filhos?

A geração dos pais de hoje, ao que parece, erigiu a culpabilidade como sua principal conselheira. E a culpa é má conselheira. Não conhecemos qualquer benefício que o sentimento de culpa tenha trazido aos seres humanos. O de responsabilidade, sim. Mas, sentir-se responsável é diferente de sentir-se culpado.

Assumirmos responsabilidade por nossos atos e intenções diante dos filhos é diverso de nos sentirmos culpados por tudo que lhes aconteça. Qualquer relação humana é uma via de dois sentidos. Não há culpados num casamento que não dá certo: existe, isto sim, dois seres com responsabilidades compartidas numa relação que não funcionou. Assim ocorre no relacionamento entre pais e filhos: nossos filhos são seres com identidade própria, o que quer dizer com vontade própria também. Desde muito pequenos, há uma cota de livre-arbítrio que foge do nosso controle e da manipulação. Não podemos nos responsabilizar por todos os seus atos, pensamentos ou modo de sentir. São unidades autônomas, ainda que sujeitas à dependência dos pais.

Talvez a geração dos pais de hoje seja tão cheia de culpas porque a que lhes antecedeu fez da culpabilidade o elemento primordial da formação do caráter filial, assim como institucionalizou a hipocrisia na relação dentro do casamento. Livrar-se da culpa e da hipocrisia é, provavelmente, a grande tarefa da atual geração de pais na espiral da evolução humana, consistindo num verdadeiro processo de mutação psíquica – o salto quântico que nos projetará para melhores condições de relacionamento humano no futuro.

Em suma, pensamos que, ao se declararem culpados pelo que está acontecendo aos filhos, ou até pelo que lhes possa acontecer no futuro, em nada os pais estão ajudando os filhos nas suas agruras evolutivas, cuja responsabilidade é dos próprios filhos tanto quanto dos pais e da sociedade, da própria vida, enfim, com todas as vicissitudes que lhe são inerentes. A culpa paralisa. Pais culpados, geralmente, deixam de funcionar como adequados recipientes para as ansiedades dos filhos; eles acabam por incrementar suas sensações de confusão e desamparo ante às dificuldades de seu momento evolutivo. Culpa, voltamos a afirmar, é má conselheira na relação entre pais e filhos, não cria nada de construtivo apenas maltrata quem a sofre.

Qual a "exata medida" na criação de filhos?

Não há, obviamente, **medidas exatas**.

Criar filhos requer, antes de tudo, uma inesgotável capacidade de doação afetiva, contrabalançada, necessariamente, pela serena coragem para renunciar ao desejo de impor nossa vontade e nossa presença quando elas não são solicitadas pelos filhos. É o equilíbrio entre o estar disponível e o tornar-se dispensável que se faz necessário. Nisso consiste, talvez, a condição básica para o bom desempenho da paternidade ou maternidade. "Ser pai é a arte de tomar-se desnecessário", disse alguém. É mister renunciar ao pressuposto de que porque geramos os filhos eles são propriedade nossa, para consumo de nossas vaidades ou indenização de nossas frustradas expectativas de realização pessoal.

Os pais modernos estão perdidos no emaranhado de suas boas intenções liberalizantes por não saberem diferenciar entre repressão e colocação de limites. Aí reside a opção entre ter filhos como vassalos ou amigos. Reprimindo-os, impede-se o crescimento emocional e a autonomia necessária para o adequado exercício das funções adultas. Por outro lado, deixá-los simplesmente entregues à própria sorte e ao autocontrole só fará se sentirem abandonados. Aos amigos, como aos filhos, não se abandona, mas não se lhes invade a privacidade nem interfere no seu livre-arbítrio. Com os amigos, além de leais, é preciso sermos disponíveis. Com os filhos, também.

Por que os adolescentes de hoje custam mais a amadurecer e a se tornarem adultos responsáveis? E qual o papel dos pais e da sociedade nisso?

Como uma planta que cresce, os seres humanos necessitam de certas condições externas que lhes viabilizem o crescimento. Em tais condições, representa papel significativo a estabilidade ambiental. Para a planta, por exemplo, luz solar, solo regado a intervalos requeridos e ausência de pragas, ventos bruscos ou outras agressões da natureza ou do homem são condições essenciais para que se desabroche a promessa vegetal que ela traz desde a semente. Para o adolescente, faz-se necessário igualmente a presença de certos elementos nutrientes e a ausência de condições excessivamente traumáticas para que haja o processamento do seu pleno crescimento emocional. Quando faltam estímulos ou abundam elementos cerceadores desse crescimento, há um natural prejuízo no desenvolvimento.

Filhos, cujos pais os consideram uma extensão narcisista de suas próprias personalidades, podem ter dificuldades evolutivas para alcançar a maturidade.

As mensagens contraditórias tipo "cresça para que eu possa exibir ao mundo meu triunfo por tê-lo gerado" alternando com "não cresça porque isso representa a perda de controle de seus destinos" funcionam como elementos perturbadores do amadurecimento psíquico.

Por outro lado, famílias em conflito, sociedades abaladas por disfunções político-econômicas, nações envolvidas em guerras, são todas situações desestabilizadoras que comprometem o amadurecimento dos jovens. A luta pelo poder, inserida no conflito geracional e exacerbada em nossa época pelo *boom* do crescimento demográfico, intensifica os esforços da geração precedente para protelar o acesso dos jovens à condição adulta. Os pais se angustiam e se sentem ameaçados pelo crescimento dos filhos. Consequentemente, a sociedade regida pelos adultos empenha-se em prolongar a adolescência o mais que pode: longos períodos de estudos universitários (que por sua intensidade e profundidade não permitem aos jovens proverem paralelamente seu sustento, tornando-os sujeitos a prolongarem a sua dependência econômica dos pais), exigências cada vez maiores de capacitação técnica para o exercício profissional, extensos períodos de prestação de serviço militar, e assim por diante. Tudo isso, como dissemos, retarda o amadurecimento dos jovens e a aquisição de sua identidade adulta.

Antes os pais escolhiam quem deveria casar com seus filhos e que profissão estes deveriam ter: Hoje não é mais assim. No entanto, parece que o grau de insatisfação no casamento e no trabalho aumentou com a liberdade de escolha. Por quê?

Preliminarmente, acho que não é que o grau de insatisfação tenha aumentado, e sim que, assim como há mais liberdade de escolha, há também mais liberdade de demonstrar tais descontentamentos, bem como existe maior grau de conscientização dos jovens.

Por outro lado, a insatisfação revela o esgotamento de um modelo ou paradigma. O casamento nos moldes tradicionais esgotou suas possibilidades, tanto de atender às necessidades biopsicossociais dos cônjuges como a de propiciar o adequado enquadre para o desenvolvimento de famílias que sejam compatíveis com as profundas transformações no comportamento humano, as quais se esboçam neste início de século.

Da mesma forma, tanto o preparo para o exercício profissional como o próprio significado da atividade laborativa estão a exigir rápidas e profundas mudanças para igualmente se adequarem às novas realidades implementadas pelo acelerado progresso tecnológico. Em nenhum outro momento da história da civilização, tantas novas ocupações e modalidades de trabalho surgiram em tão curto espaço de tempo, exigindo um enorme esforço adaptativo no desenvolvimento de habilidades para esses ofícios de recente aparição, como também uma reciclagem do vértice vocacional sob o qual encará-los.

Os tempos modernos trouxeram aos pais grandes dúvidas sobre o que proibir e o que permitir aos filhos durante o seu processo de crescimento. Como nos posicionar diante dessa indecisão?

Talvez, a grande mutação na relação pais e filhos no mundo de hoje tenha sido justamente o abandono dessas alternativas de **proibir** ou **permitir** para o surgimento de uma atitude de **negociar** e **dialogar**, oportunizando o encontro de novas soluções que se apoiam em concessões de parte a parte, e ensejam o incremento da confiança recíproca e da tolerância mútua nas relações entre as gerações.

Os filhos lutam por uma independência dos pais e estes lutam por manter os filhos dependentes deles. Como resolver esse impasse?

É preciso distinguir entre **dependência** e **autonomia**. O que os filhos buscam, e podem alcançar, na realidade, é sua autonomia, ou seja, como a etimologia do termo sugere, serem portadores de uma identidade própria, estarem bem individualizados em relação aos seus pais.

Independência é um conceito equivocado porque é ilusório. Pela própria condição humana, somos dependentes do berço à tumba. Dependentes, ao nascer, dos que nos alimentam e agasalham, mais adiante, dos que nos sustentam e, depois, se outras dependências não persistirem, sempre dependeremos emocionalmente de outros seres humanos. Pais, à medida que os filhos crescem e se tornam menos dependentes deles, desenvolvem, habitualmente, um crescente grau de dependência afetiva dos filhos, como a comprovar que depender é uma contingência humana. Pais que estimulam a dependência dos filhos é porque estão eles mesmos aprisionados neste circuito de interdependências que, aliás, é o ativador dos sentimentos gregários dos seres humanos.

Como os filhos reagem aos novos casamentos de seus pais?

Obviamente, não há uma maneira universal de reação dos filhos às novas ligações de seus pais. Mas creio que não estaremos equivocados se dissermos que aceitam melhor do que seus pais supõem.

Numa pesquisa realizada por Tânia Zagury, e publicada em seu livro "O Adolescente por ele mesmo", ao ser indagado aos adolescentes como se sentiam com o fato de seus pais terem se separado e constituído novas famílias, a maior parte dos entrevistados respondeu que aceitaram logo, porque achavam que cada um devia decidir suas vidas e isso incluía seus pais.

Família e Membros Idosos

Como entender a tendência moderna de se abandonar os membros idosos da família em asilos ou simplesmente deixá-los entregues à própria sorte?

Preliminarmente, essa não é uma **tendência moderna**. Ao longo da história, e nas diversas culturas, encontramos várias formas ou graus de abandono dos elementos senis da população. Entre os primitivos povos nórdicos, durante suas migrações em busca de melhores condições de alimentação e sobrevivência, os velhos eram deixados pelo caminho para serem devorados pelos animais selvagens. O gerontocídio, portanto, é prática antiga.

Os idosos são deixados nos asilos ou entregues aos cuidados de outros que não os membros da família sob os mais diversos pretextos, desde a alegação de que o convívio com outras pessoas da mesma idade lhes é reconfortante até a suposta proteção e melhor cobertura a suas limitações físicas e problemas de saúde. No entanto, sob a ótica de quem procura entender as motivações inconscientes dos atos humanos, somos levados a crer que, ao exilarmos os velhos de nosso convívio, estamos exorcizando o fantasma de nossa própria velhice e, assim, negando a implacável realidade de nosso destino que nos conduz à morte final. Sem o contato com o insidioso processo de deterioração física e mental que acompanha o declínio das funções orgânicas e psíquicas ao final da vida, torna-se menos doloroso termos que, por antecipação, enfrentarmos o que nos espera, caso, como por outro lado o desejarmos, sejamos aquinhoados com a possibilidade de atingir a longevidade sem que alguma doença letal nos interrompa a trajetória existencial.

O que a família pode fazer para tornar menos sofrida a velhice de nossos avós?

Pela maneira como a pergunta foi formulada, quem a faz está se colocando na posição de neto. Ora, talvez justamente os netos sejam aqueles que, por estarem menos comprometidos no cipoal de ressentimentos e culpas que estrangulam o relacionamento pais e filhos, melhor possam contribuir para enriquecer a velhice de seus avós com sua presença cálida e afetuosa, sua curiosidade atenta para com os infindáveis relatos sobre fatos passados e sua confirmação, pela própria presença, de que suas vidas não foram em vão porque continuam nas expectativas e nos projetos da terceira geração.

Disse alguém que netos são filhos com açúcar (ou avós são pais com açúcar) e a relação entre a geração dos avós e netos pode ser extremamente proveitosa para ambos, desde que permeada pelo afeto e respeito recíprocos. Se os avós gratificam-se com a corroboração de que suas vidas foram proveitosas e prolongam-se nos sonhos e nas aspirações de seus netos, esses, por seu turno, podem usufruir no contato com os avós a possibilidade de nutrir com a seiva que emana de suas próprias raízes familiares, por meio da compreensão de que há um *continuum* entre eles a configurar uma espécie de identidade familiar. Nas lembranças que os avós têm de seus próprios pais e avós, os netos poderão encontrar o fio condutor que os conecte ao sentido que transcende a transitoriedade de suas vidas e, ouvindo os planos e devaneios de seus netos, os avós adquirem a consciência de que há algo mais além da finitude de sua passagem pela terra.

Em resumo – voltando ao cerne da pergunta –, o que os netos podem fazer para tornar menos sofrida a velhice de seus avós é estar com eles, ouvi-los, conversar, e se souberem fazê-lo, por certo irão descobrir que eles não são apenas uns seres rabugentos como muitas vezes parecem, mas um manancial inesgotável de informações e vivências para quem sabe escutá-los com respeito, curiosidade, e se possível, algum autêntico prazer.

Família e Sexualidade

O sexo fora do casamento necessariamente destrói a família?

Em primeiro lugar, quero lembrar que se há tanto sexo fora do casamento é porque, quem sabe, esse foi precipitado e imaturo. Experiências sexuais antes do casamento são necessárias para que não se tornem desejadas, ou até mesmo sentidas como indispensáveis, depois. Por outro lado, o manto da hipocrisia cobre o mito da fidelidade conjugal. Esse mito é sustentado, de um lado, pelo sentimento de posse (que nega a evidência de que o ser amado pode a qualquer momento tanto eleger como substituir seu objeto de afeição) e, de outro, pela arrogância narcísica (que faz com que homens e mulheres alimentem a ilusão de que podem deter a exclusividade da afeição de outrem).

Penso que o sexo fora do casamento, quando não é um indício que não houve sexo suficiente antes dele, indica que algo não vai bem na relação do casal. A paixão, a novidade, a curiosidade sexual sabidamente esgotam-se ao longo da vida matrimonial, mas não necessariamente o desejo e o interesse. Casais que tiveram necessárias e suficientes experiências sexuais antes de seu casamento tendem a encontrar na relação conjugal com o parceiro que amam a adequada satisfação para suas necessidades sexuais. Quando isso não ocorre é um convite para que ambos reflitam sobre o porquê do seu desinteresse sexual pelo cônjuge e a consequente inclinação para relacionamentos extraconjugais.

Sexo fora do casamento necessariamente não destrói uma família; apenas sugere que esse casal precisa revisar sua relação e introduzir mudanças em sua vida sexual e afetiva, se e quando a preservação da vida conjugal e familiar lhes for fundamental.

Fala-se tanto em sexo na "terceira idade". Qual a importância disso para a preservação da vida familiar?

O sexo, como fonte de prazer físico e também de bem-estar psíquico, pela experiência da intimidade compartilhada, é importante em qualquer idade. Frise-se que a vida sexual, como Freud já assinalara, é bem mais ampla do que a mera efetivação de um coito, com penetração, ejaculação e orgasmo. Mesmo quando isto não seja possível, a troca de carícias e a oportunidade de uma vivência de intimidade física com outro ser humano, com quem estivermos afetivamente ligados, é de suma importância para a preservação da qualidade de vida, tanto individual como familiar.

A natureza, com sua sabedoria, é responsável por adequar o desejo às possibilidades de cada idade. Assim, por exemplo, se a visão da nudez feminina é um fator importante para despertar o desejo de um homem jovem, não o será tanto com o passar dos anos, quando as sensações tácteis poderão substituir o estímulo proporcionado por um corpo feminino que perde suas formas e, consequentemente, seus atrativos eróticos à simples contemplação. Respectivamente, o amplexo e o aconchego nos braços de um homem poderão, para a mulher, substituir a necessidade de ver-se penetrada para sentir-se amada e até mesmo desejada. E para o homem, o contato e as carícias da mulher amada trarão equivalente satisfação.

A adaptação às limitações impostas pelo envelhecimento não deve excluir a vida sexual na terceira-idade e tão somente estimular a criatividade dos amantes para encontrar novas formas de expressar seus afetos e desejos no contexto de suas idades.

"Sábios são os que vivem bem a idade que têm", dizia-me alguém, atribuindo sua longevidade à capacidade de extrair prazer da existência, incluindo a vida sexual. "Velhos que transam têm um brilho de vida no olhar", observava-me certa feita um adolescente, comentando a alegria de viver de seus avós.

A família não morre, mas os casamentos sim, não lhe parece?

Assim como o ciclo vital de uma família completa-se e ela continua noutras famílias que lhe sucedem, um casamento pode ter esgotado seu ciclo e, no entanto, seguir vivendo através dos filhos que gerou e das experiências que proporcionou aos que nele estiveram envolvidos.

Quando digo que a família é perene, refiro-me a ela como instituição que acompanha a humanidade desde seus primórdios e que, provavelmente, a seguirá acompanhando até o fim da vida humana na Terra. A família-instituição não morre, mas cada família sim, ao fim de seu ciclo vital. E os casamentos também, pois igualmente têm seu ciclo de vida. O que sucede é que nos casamentos bem-sucedidos, os respectivos cônjuges morrem, como indivíduos, antes que o casamento acabe.

Assim, como há indivíduos longevos, há casamentos longevos. E assim como há indivíduos que morrem prematuramente, há casamentos que precocemente terminam. Creio, contudo, que o casamento-instituição, assim como a família, não se extinguirá, apenas sofrerá as necessárias transformações para ajustar-se aos costumes dos tempos em que vivemos.

Qual o papel da família na determinação das preferências sexuais de seus membros e qual sua influência na maneira como se expressam os desejos sexuais?

Entendo que, tanto numa como noutra das questões propostas, pouco poder-se-á creditar à influência da presença da família se comparada com a de fatores de ordem constitucional ou biológicos. Evidentemente, os mecanismos de identificação com o que chamamos **imagos parentais** (ou seja, as figuras de pai e mãe ou seus sub-rogados familiares conforme estão representadas na mente do indivíduo) são de relevante importância na formação da identidade de gênero, mas não há evidências de que o ambiente familiar – tomado no sentido em que foi colocada a pergunta – tenha maior influência na determinação de um padrão homo ou heterossexual de comportamento humano.

Quanto aos desejos sexuais, ainda é mais marcante o papel dos condicionantes biológicos para a forma como se apresentam. Se, por exemplo, tomarmos o desejo de penetrar e o de ser penetrada como expressão, respectivamente, do padrão sexual masculino ou feminino, podemos correlacioná-los com a função da visão para o erotismo masculino e o da audição para o feminino. O homem se excitaria olhando (dizemos que um olhar é **penetrante**) para o corpo feminino, enquanto a mulher o faria escutando a voz de um homem sussurrando em seu ouvido (as mulheres são **cantadas**, diz o vulgo, como a aludir ao despertar de seu erotismo por meio do ser **penetrada** pela voz e pelos conteúdos da fala masculina).

O que queremos dizer com isso?

Que o desejo, no caso o heterossexual, vê-se menos determinado por condicionamentos sociais do que por referenciais ligados à natureza biológica da função sexual. A propósito, é a posição relativa à penetração (o que penetra ou é penetrado) e não a atitude ativa ou passiva o que caracteriza o papel que se atribui ao macho ou à fêmea no intercurso sexual.

Caiu o tabu da virgindade, estimulam-se as experiências sexuais pré-nupciais, acham-se normais as trocas de casais e as relações extraconjugais, aceita-se o homossexualismo. Onde ficará a instituição do casamento após tudo isso?

Como insinua a pergunta, os costumes sexuais mudaram radicalmente, o que de resto tem sido cabalmente confirmado pelos dados levantados em pesquisas realizadas pelos norte-americanos, a quem não se poderá negar a condição pioneira na atual mudança dos costumes sexuais. Numa enquete realizada por I. Reiss, e publicada há anos sob o título "Como e por que os padrões sexuais norte-americanos estão mudando", a autora constatou que 80% dos estudantes consultados aprovavam as relações sexuais antes do casamento, enquanto somente 20% de seus pais o faziam. Outras pesquisas confirmam que os norte-americanos casam mais tarde, divorciam-se cada vez mais e cresce o número de filhos ilegítimos entre eles. O número de famílias com um só progenitor pulou de 12, 9% em fins da década de 70, para 27,3% em princípios da década de 90.

Há anos atrás, um conhecido cronista do país festejava o fim legal do casamento com a aprovação pelo Congresso Nacional de uma lei que, no dizer do cronista "coroa a união estável como relação conjugal mais ampla e juridicamente mais consequente que o casamento".

A lei diz, textualmente que "é reconhecida como *entidade familiar* a convivência duradoura, pública e contínua, de um homem e uma mulher, *estabelecida* com o *objetivo de constituição da família*" (grifos nossos).

Paralelamente, há, em vários países, uma tendência crescente à aceitação da união de homossexuais formalizada legalmente pela instituição do casamento. Como vemos, tanto na lei que reconhece e legitima as uniões heterossexuais fora do contrato matrimonial como na reivindicação dos homossexuais de terem acesso à regulamentação de suas relações por meio do matrimônio, persiste como algo desejável, que transcende a mudança dos costumes sexuais, a constituição de um lar e de uma família.

O casamento muda, a família muda, mas permanecem como instituições irrevogáveis ao longo da história porque correspondem a um anseio indissociável da própria condição humana.

Família e Religião

Não lhe parece ser a religião indispensável para construir um lar feliz?

A pergunta foi feita para induzir uma resposta afirmativa. Lamento decepcionar quem a formulou com minha resposta negativa. O que fará uma família mais ou menos feliz será o grau de entendimento e afinidade entre seus membros e isso não é dado por nenhuma crença, e sim, por fatores de ordem afetiva ligados à adequação da escolha recíproca feita pelos cônjuges e à convergência de sua filosofia de vida e escala de valores para dar o necessário suporte emocional à criação dos filhos.

Claro está que, quando falamos em **escala de valores**, aí está subentendido que, se os cônjuges coincidem em suas crenças religiosas, esse será um fator favorável para que haja mais harmonia e predisposição para o bem-estar familiar. No entanto, isso também poderá ser válido para casais que compartilhem uma posição de ceticismo em relação às religiões em geral e fundem sua estrutura familiar a partir de outros referenciais, tais como o culto à liberdade de pensamento e a disposição a facultar aos filhos a livre eleição de suas crenças e inclinações pessoais.

A crença em Deus não é o alicerce para a constituição da família?

Sinto-me tentado a responder essa questão apelando para a experiência pessoal. Meu pai era ateu e livre-pensador, como gostava de se definir, e nem por isso deixou de construir uma família integrada, alicerçada no seu grande amor por minha mãe, que incluía o respeito que tinha pelas crenças religiosas dela. Assim, também a solidariedade fraterna que desenvolvi com minhas irmãs nada teve a ver com nossas crenças num ser superior e tão somente foram fruto de nossa experiência compartilhada num clima de alianças e cumplicidade geracional.

A crença em Deus poderá ser indispensável a determinados indivíduos para a manutenção de seu equilíbrio psíquico, mas não para assegurar a homeostasia familiar. Essa depende antes do cimento afetivo que une seus membros do que de qualquer credo compartilhado.

A família e a religião não são o sustentáculo da sociedade? Pode-se prescindir de ambas?

A família, indubitavelmente, é a célula *mater* da sociedade. Ela é um imperativo tanto da natureza quanto da condição gregária dos seres humanos. Já a religião, como a vejo, surgiu como uma construção do espírito humano para tornar compreensível o que estava além de seu entendimento e, sobretudo, para aliviar sua impotência diante da realidade de sua finitude.

Se, por um lado, o temor a Deus tem servido ao homem para controlar seus impulsos destrutivos, não é menos verdade que, em nome de Deus e da religião, muita crueldade foi praticada. E não somente pelas religiões ditas primitivas. Aí estão as cruzadas e a inquisição como exemplos mais recentes da religião como instrumento de práticas desumanas. E, se quisermos contemporaneizar ainda mais estes exemplos, basta contemplarmos o furor terrorista do fundamentalismo em nossos dias.

Por isso, entendo que a religião, como qualquer instituição humana, tanto serve de veículo para expressar as virtudes quanto os defeitos humanos. O homem criou Deus à sua imagem e semelhança, como antes criara deuses representando aspectos isolados da natureza humana. Esse Deus tanto pode ser vingativo e cruel quando o contrariamos, como magnânimo e condescendente quando o obedecemos, tal qual um mortal qualquer em relação a seus filhos.

Penso que ter que acreditar nas recompensas de Deus ou numa vida pós *mortem* para ser justo e bom nesta vida desqualifica as virtudes humanas e as tornam um instrumento de barganha com um suposto criador: "serei virtuoso nesta vida para que Ele me conceda o paraíso na outra".

Por tudo isso, embora a família e a religião tenham acompanhado o homem desde suas origens, não podemos considerá-las na mesma escala valorativa no que diz respeito ao seu significado para a evolução da sociedade humana.

Família e Escola

Qual o papel da escola na complementação da educação iniciada nos lares?

A primeira, e talvez a mais fundamental tarefa da escola, é facilitar o processo de diferenciação e individuação da criança, oferecendo-lhe uma espécie de introdução à vida social fora do âmbito doméstico e, com isso, acelerar o processo de clivagem entre o indivíduo e sua matriz familiar de origem, o que é indispensável para o seu crescimento e amadurecimento. Por isso, parece-me que os pais devem imiscuir-se o menos possível nos assuntos escolares de seus filhos, já que faz parte de seu processo de aprendizagem para a vida terem que enfrentar e superar situações desconhecidas e relacionar-se com o mundo tal como ele é, com seus atrativos e desencantos, suas gratificações e frustrações. Isso não quer dizer, contudo, delegar à escola tarefas que continuam sendo da família, como dar suporte às ansiedades existenciais da criança, incluindo, entre essas, as ansiedades enfrentadas por ocasião do ingresso na vida escolar, com todos os temores e inseguranças que acarretam.

Por outro lado, a escola deve ser continente adequado às vicissitudes dos alunos no transcurso do seu processo de aprendizagem, sem recorrer à família para a solução de problemas, os quais devem ser dimensionados e resolvidos no âmbito escolar.

Costuma-se dizer que a família **educa** e a escola **ensina**, ou seja, cabe à família oferecer à criança e ao adolescente a pauta ética para a vida em sociedade, e à escola, instruí-los a fim de que possam fazer frente às exigências competitivas do mundo na luta pela sobrevivência. Talvez essa seja uma concepção por demais simplista para equacionar as relações entre a família e a escola em nossos dias, mas qualquer avanço na discussão de até onde vai o papel da família e onde começa o da escola nos conduziria a outro patamar de considerações que extrapolam os limites da contestação à pergunta formulada.

O que devem fazer os pais pelos filhos que não querem estudar?

Não querem estudar ou não querem ir à escola? O processo de aprendizagem não se faz somente – e, até me arrisco a dizer, nem principalmente – na escola.

A negativa a estudar ou o baixo índice de aproveitamento escolar não pode ser tomado sistematicamente como indício de deficiências no aluno, sejam essas intelectuais ou emocionais. Muitas vezes, determinado aluno que apresenta resistência às exigências escolares – sobretudo se tais resistências forem compartilhadas por outros colegas seus – está apenas sinalizando a falência do sistema escolar como fonte de aprendizagem, circunstância esta que, a exemplo do observado na resposta à pergunta anterior, nos remeteria a reflexões que vão muito além dos propósitos aqui presentes.

Quando os filhos não querem estudar, os pais não podem deixar de interrogar-se também sobre o que está se passando na vida doméstica, pois tal negativa pode ser o emergente de um mal-estar no campo das interações familiares.

Família e Vida Profissional

A profissionalização das mulheres não abalará definitivamente o equilíbrio doméstico existente há séculos, no qual ao homem cabia o papel de prover o sustento da casa e à mulher o de cuidar da prole?

Essa mudança nos papéis masculino e feminino provavelmente será lembrada pela posteridade como o fato de maior significação ocorrido na história da humanidade ao longo do último século. Uma mutação comportamental de tamanha significação e ineditismo na relação entre os sexos desde as origens da espécie, sem dúvida, provoca resistências e perplexidades, assim como exigirá um longo período de adaptação até que a situe como evento natural, inevitável, e até mesmo previsível, no aperfeiçoamento das relações humanas ao longo do processo civilizatório.

O reordenamento do equilíbrio doméstico em função dessas transformações, consequentes à saída das mulheres para o mercado de trabalho e o ingresso dos homens nas tarefas do lar, já tem evidenciado alguns dos benefícios possíveis: homens e mulheres passam não só a reconhecer o esforço dispendido pelos cônjuges nas tarefas que lhes competiam na **velha ordem** e, consequentemente, a melhor valorizá-los por suas disponibilidades em executá-las, como, por outro lado, descobrem as gratificações proporcionadas por funções que lhes estavam praticamente vetadas pela rígida distribuição das atribuições de um ou outro sexo. Assim, as mulheres usufruem agora do prazer de ganharem o seu sustento e não terem que se submeter aos caprichos de seus companheiros para terem acesso aos bens de consumo desejados; por outro lado, os homens desfrutam da maior convivência com os filhos e o exercício da paternagem que não lhes era amplamente concedida, bem como descortinam o prazer de exercitar sua criatividade na arte da culinária ou na decoração da casa.

A quem entregar o cuidado dos filhos quando ambos os pais trabalham?

Como a tendência que se verifica é a gradativa redução das jornadas de trabalho, haverá crescentes possibilidades de que cada progenitor possa ocupar-se por um turno dos cuidados com os filhos sem prejuízo da renda do casal; por outro lado, vislumbra-se que o progresso tecnológico irá permitir cada vez mais a realização das atividades laborativas ou a prestação de serviços à distância, de tal sorte que a casa voltará a ser, como já o foi no passado, local não só de moradia como de trabalho, sem que os pais tenham que se afastar dos filhos para ganhar seu sustento. E isso, considerando apenas a situação daqueles pais que desejam se encarregar com exclusividade dos cuidados com os filhos pequenos, pois os demais já há muito optaram por utilizar a vasta rede de creches e pré-escolas existentes. Por outro lado, com o aumento da expectativa de vida, cada vez temos mais avós e até bisavós disponíveis para dar sua contribuição aos cuidados com os descendentes, ressignificando seu papel no ciclo vital da família.

Qual o papel dos pais na orientação dos filhos para o mercado de trabalho?

Diz o ditado que "de boas intenções o inferno está asfaltado". E se são as boas intenções que levam os pais, em nome de sua experiência de vida, a quererem orientar o futuro profissional dos filhos, correm sério risco de estarem infernizando a futura vida profissional deles.

A equivocada predisposição da condição humana de tomar o passado como modelo ou ponto de referência para pensar e posicionar-se na vida é hoje, mais do que nunca, um óbice a qualquer orientação que se queira oferecer aos que nos sucedem. O mercado de trabalho é, nos dias atuais, extremamente volátil, cambiante, imprevisível. Profissões novas surgem no mesmo ritmo e velocidade com que as antigas se extinguem ao compasso da revolução tecnológica.

O mito do **meu filho doutor** talvez esteja em declínio, mas pais continuam tentando monitorar o destino profissional de seus filhos a partir de suas expectativas, muitas vezes apoiadas na tentativa vicariante de superar, por meio dos filhos, frustrações em suas próprias escolhas profissionais.

O olhar prospectivo é muito mais importante do que as lições do passado como ponto de referência para situar-se nas tendências do chamado mercado de trabalho. O emprego é uma instituição em extinção e a livre e autônoma prestação de serviços está em franca expansão, independentemente dos extratos socioeconômicos em que se situa quem ingressa no mercado de trabalho.

Aqui, como em tantas outras iniciativas educacionais, *primum non noscere,* ou seja, primeiro não prejudicar com um suposto e obsoleto conhecimento, radicado numa experiência que a rapidez das transformações havidas aposentou.

Família e a Mídia Eletrônica (TV)

Qual a influência da televisão na desagregação da família?

A televisão, como a mídia em geral, é um produto da sociedade, é, portanto, antes **efeito** que **causa**. No entanto, como vimos ao mencionar o paradigma circular, todo o efeito também funciona, por sua ação retroalimentadora, como elemento modificador das causas que o geraram.

A sociedade cria a mídia e a recheia com seus apetites e idiossincrasias; mas não é menos certo afirmar que a mídia também influencia a sociedade, como formadora de opiniões e modeladora de tendências e gostos que é.

A televisão veicula a pornografia e a violência que estão nas mentes dos telespectadores, e estes, a seu turno, controlam-na e a submetem a seus caprichos por meio dos índices de audiência.

As emissoras de televisão dependem da opinião pública para se manterem em evidência e faturarem com a publicidade. Logo, é a opinião pública que as comanda. Mas não é o desfecho das novelas tantas vezes programado de acordo com pesquisas prévias junto aos telespectadores? Portanto, é temerário afirmar simplistamente que temos pornografia e violência porque as emissoras de televisão as promovem. É inegável, contudo, que a mídia televisiva (re)alimenta as tendências agressivas ou destrutivas dos que a assistem e, muitas vezes, até fornece o modelo pragmático segundo o qual poderá se exteriorizar a violência potencial de determinado telespectador.

No entanto – observe-se – só o telespectador que possua em algum recanto da mente a preconcepção do ato criminoso será ativado ou predisposto à violência pelo que presencia na televisão.

A banalização da violência no vídeo, por outro lado, amortece seu impacto na mente dos telespectadores, sobretudo das crianças, mas não diferentemente do que o faz a crueldade que transita pelas cidades flageladas pelas guerras ou pelos atos terroristas.

Quanto a ser a televisão desagregadora da família – e o seria não só pelo conteúdo de suas programações como por ocupar o espaço disponível para as interações familiares –, isso também é matéria controversa. É sabido que, principalmente nas famílias de baixa renda, as possibilidades de lazer que a televisão oferece a custos relativamente baixos para todo o grupo familiar pode funcionar como elemento agregador, proporcionando uma oportunidade de convívio que talvez não ocorresse se não fosse a diversão compartilhada diante da telinha mágica. Nessas circunstâncias, a televisão pode se constituir numa mediadora das inter-relações familiares, e não como sua obstaculizadora.

Família e Cidadania

Nosso filho terá agora de fazer o serviço militar. Nós nos opomos, por razões religiosas. Mas o governo diz que é um dever do cidadão e que todos são obrigados a cumprir a lei. A família não deveria ter o direito de opinar em questões que afetam nossos princípios religiosos, como essa?

O serviço militar é uma prática em desuso. Sua extinção parece ser uma questão de tempo, seja ele substituído ou não por *seu* equivalente civil. Aliás, já vem sendo extinto em vários países, ainda que por razões meramente eleitoreiras, o fato é que há uma crescente conscientização de que a máxima "se queres a paz prepara-te para a guerra" é enganosa e hipócrita.

O argumento dos que querem mantê-lo estriba-se num culto exacerbado a nacionalismos cada vez mais obsoletos neste mundo sem fronteiras para o qual nos encaminhamos. A noção de pátria caduca diante do imperativo categórico da geopolítica contemporânea, que conduz à formação de blocos de nações com interesses econômicos comuns e à gradativa diluição das identidades nacionais em mercados comuns.

Aliás, como já afirmava o filósofo Bertrand Russell, há algumas décadas, patriotismo é apenas a disposição de eliminarmos os inimigos da pátria. O sentimento patriótico está a serviço da beligerância, do confronto, da rivalidade, da animosidade entre as nações e em nada contribui para o entendimento e congraçamento entre os povos, desejável e indispensável conquista se quisermos um mundo melhor para nossos filhos em lugar de entregá-los ao sacrifício no altar da pátria.

O serviço militar é, a meu ver, a versão civilizada do bárbaro ritual primitivo de oferecer os jovens em holocausto aos deuses vingativos para aplacar seu ódio. O deus da guerra precisa de carne jovem para saciar seu apetite, e a sociedade, não satisfeita em oferecer-lhe os jovens que revelam vocação para a carreira militar, obriga todos a render tributo a este Moloch consumidor de talentos e vidas civis, triturando suas mentes e mutilando seus corpos em absurdas aventuras bélicas, como a dos Estados Unidos no Vietnam.

Nada há que justifique a guerra ou mesmo apenas o preparo para ela. A guerra não é um mal necessário, como apregoam os que a defendem: a guerra só interessa a quem se põe a serviço da manutenção de odiosas hegemonias ou tem escusos interesses pessoais a preservar. A guerra é um mal. Só!

Mas todos nós que lamentamos a existência do serviço militar e queremos vê-lo extinto, como de resto queremos que se extingam todas as irracionais manifestações do belicismo humano, precisamos nos conscientizar de que é no seio da família que estão os germes desse ódio que aniquila vidas e infelicita lares. De nada adiantam os mutirões das famílias que, por motivos religiosos, se insurgem contra a convocação de seus filhos para servir às forças armadas nem tampouco a indignação pública contra a punição aos civis desertores dos exércitos, se não atentarmos para a necessidade de desarmarmos os espíritos no cotidiano de nossas vidas familiares. Há uma guerra subliminar nas contendas diárias entre marido e mulher, entre pais e filhos ou entre irmãos, e a ela devemos estar atentos para fazer a profilaxia da violência nos demais estratos da existência humana. Somos seres contraditórios e paradoxais: os mesmos cidadãos que defendem o serviço militar e o preparo para as guerras são, muitas vezes, os que execram a violência urbana e lamentam o porte de armas por parte dos marginais que sitiam seus lares e ameaçam a vida de seus filhos. Assim, as mesmas pessoas que alegam motivos religiosos para se insurgirem contra o serviço militar para seus filhos podem ser as que, no âmago de seus lares, alimentam rivalidades ou incitam ódios para insuflar seu próprio narcisismo.

Parece que os jovens de hoje, cidadãos de amanhã, não têm limites e perderam toda a noção do respeito ao próximo. Estará isso relacionado com a desagregação da família em nossos dias?

Sim, é verdade que, hoje, os jovens se caracterizam por um desrespeito aos direitos do próximo. Penso, contudo, que não propriamente pela desagregação da família nos termos a que provavelmente refere-se quem formulou a pergunta. Há jovens desrespeitosos tanto entre os filhos de casais separados, como nos provenientes de casamentos não desfeitos. Quer me parecer que o problema não está na desagregação dos lares, mas sim na forma como a presente geração dos pais, divorciados ou não, pautam a educação de seus filhos sob o primado da liberalidade sem critérios.

Costumo dizer que, se a nossa foi uma geração neurótica pela repressão que sofremos, a de nossos filhos é uma geração delinquente, pela ausência de limites com que foi criada. Claro está que não podemos generalizar, mas, indubitavelmente, o *laissez faire* é uma tendência observada no comportamento de um grande número de pais de hoje e que se reflete numa parcela significativa da atual geração de adolescentes que apresenta características antissociais.

Numa reação à repressão sofrida ou por mero comodismo, o fato é que muitos pais de nossos dias perderam o controle de seus filhos pela omissão e falta de critérios na indispensável colocação de limites às vontades e reivindicações deles.

Sem a noção recebida em casa, e no contexto das interações familiares de que o direito de cada um termina onde começa o do próximo, nossos jovens perdem os referenciais para orientar sua conduta social e tornam-se cogestores da violência coletivizada que inferniza a vida urbana contemporânea. Por outro lado, acabam por tiranizar seus próprios pais, a quem veem como indivíduos que só têm deveres para com eles, seus filhos, e nunca direitos. E essa geração parental experimenta, agora, a dolorosa contingência de poder se tornar submetida a seus filhos como um dia o fora a seus pais.

Família e Relações com a Sociedade

A situação dos "meninos de rua" deve-se mais à desagregação familiar ou à miséria social?

As pesquisas sobre os **meninos de rua**, tanto no Brasil como em outros países, têm chegado a uma conclusão até certo ponto inesperada: não são eles filhos abandonados ou sem lares, e sim, crianças que deixam a casa de seus pais por preferirem viver nas ruas do que se submeterem aos maus-tratos da família. São, pois, na sua maioria, crianças maltratadas e não abandonadas.

Como considerável parcela dessas crianças vive em lares desestruturados, a maior parte deles sem a presença da figura paterna, elas saem às ruas para esmolar, induzidas pelas mães, e são castigadas se retornam para suas casas sem a féria pressuposta para o dia.

A violência está no dia a dia dessas crianças: tanto são elas vítimas da agressão dos pais ou circunstantes como presenciam, a todo instante, atos violentos praticados à sua volta. Some a isso a violência veiculada pelos meios de comunicação, a que hoje mesmo os marginais têm acesso, e tem-se o caldo de cultura para que os **meninos de rua** transformem-se em delinquentes ou criminosos. Na gênese de todo este mal-estar social que acompanha o processo civilizatório, no qual sempre existiram exploradores e explorados, ricos e miseráveis, está a luta pelo poder. Quando o ser humano conscientizar-se de que a busca de poder, no lar ou fora dele, avilta, corrompe, escraviza, e, sobretudo, infelicita, estaremos a caminho de construir famílias melhor estruturadas e uma sociedade mais justa e equilibrada.

Como pode a família ajudar a minorar os problemas sociais?

A participação de cada um de nós, como cidadãos, é obviamente a gota d'água indispensável para a formação do caudal de boa vontade e do espírito coletivo capaz de transformar a sociedade. A família, como unidade matricial do corpo social, tem, contudo, seu papel a desempenhar. A forma como as relações humanas se processam no âmbito da família é o modelo interacional para o funcionamento das coletividades. É nos lares de origem que se esboça o caráter do indivíduo e, para embasá-lo, nada melhor do que a noção, vivenciada no contexto familiar, de que o direito de cada um termina onde começa o do próximo, condição *sine qua non* de qualquer progresso na esfera sociopolítica.

Estou dizendo o óbvio, provavelmente, mas é também importante enfatizarmos que não há fórmulas mágicas para se resolverem as desigualdades e injustiças sociais e que qualquer solução passa necessariamente pela aprendizagem do respeito ao direito alheio e pela conscientização de que o bem-estar do outro é indispensável para a manutenção do nosso, e essa aprendizagem começa tão logo nascemos: no seio da família.

De que forma a sociedade interfere com a função educativa da família?

Conforme o paradigma do pensamento e, consequentemente, da ação circular, a família modela a sociedade tanto quanto esta modela a família.

Na introdução a seu livro, "Geração dos anos 90", diz-nos seu autor, Francisco Baptista Neto: A juventude deve ser visualizada no contexto de uma sociedade dispersa e perplexa, tomada de assalto por um clima de licenciosidade, sem maiores preocupações éticas ou ainda eticamente individualista, sem o sentido do bem comum. Trata-se de urna sociedade invertebrada, carente de estruturação sadia, na qual indivíduos e grupos deixam-se, em proporções alarmantes, contagiar pelo indiferentismo.

Uma das principais funções educativas da família – e, sem dúvida, a mais importante delas, considerando os interesses da coletividade – é dar condições aos jovens para que eles desenvolvam seu idealismo, estimulando-os a buscar gratificações no desenvolvimento de um ideal social que vise o bem comum e não apenas a realização de objetivos pessoais. Ora, se a sociedade contemporânea está involucrada num projeto que privilegia a busca de poder e o culto ao individualismo, isso obviamente afeta e se contrapõe a qualquer intenção dos pais de mobilizar as inclinações altruístas de seus filhos.

Família Face à Globalização e aos Progressos Tecnológicos

Qual o impacto disso que chamam globalização na vida das famílias de nossos dias?

Isso que chamam globalização proponho aqui que seja entendido não no sentido de ideologia político-econômica, a qual muitos lhe conferem, mas no de um fenômeno que marca um estágio evolutivo na história da humanidade determinado, sobretudo, pelo progresso nas comunicações humanas, fazendo com que o isolamento cultural em que outrora viviam os diferentes povos e as nações da Terra dê lugar a um constante intercâmbio e interação entre indivíduos, suas famílias e grupos étnicos e sociais de todos os quadrantes da terra.

Assim, corno já observamos ao cogitarmos sobre o paradigma da família do futuro, há uma crescente tendência à harmonização dos hábitos e costumes familiares pela miscigenação cultural decorrente do processo globalizado.

Hoje, pouco a pouco, se ocidentalizam as famílias orientais, o que, emblematicamente, identifica-se pelo modo de vestir-se, enquanto os ocidentais evidenciam marcada influência oriental na gastronomia e nos cultos esotéricos. Enquanto um executivo japonês sai de seu lar pela manhã trajando terno e gravata, acompanhado de seu filho adolescente que ouve o último sucesso do rock no seu fone de ouvido, uma mãe brasileira sai para comer sushi com o marido, após meditar e fazer ioga com a filha grávida, antípodas cada vez mais semelhantes na aparência e na essência de seu modo de viver. A globalização está prestes a gerar um modelo familiar universal, com diferenças cada vez menos significativas no comportamento de seus membros, tomando-se como parâmetro o local do planeta onde vivem.

É a tecnologia um mal necessário? Como impedir que os avanços tecnológicos prejudiquem a vida nos lares?

A tecnologia em si não é boa nem má, ela é apenas uma ferramenta altamente sofisticada desenvolvida pelo homem para potencializar, em níveis outrora inimagináveis, seu cérebro, seus músculos, seus sentidos.

O mesmo raio *laser* que mata na guerra, salva vidas numa mesa de cirurgia. Alimentos transgênicos talvez possam causar danos à saúde, mas a Bioengenharia Genética e a clonagem de órgãos poderão estar a serviço da prevenção do sofrimento humano e da manutenção da vida dos que nos são caros.

A clonagem de seres humanos não poderá implodir a vida familiar no futuro?

Se pensarmos num perfil estático de família, ancorado no modelo da tradicional família nuclear burguesa que serviu para defini-la no século que se findou, ela já está sendo implodida por outras razões e circunstâncias anteriores à viabilização da clonagem humana. Já a família percebida como ente dinâmico e transformacional acompanhará em mutações adaptativas o que dela exigirem *evolutio et mores,* ou seja, a evolução do pensamento científico e os costumes a ele afetos.

Se a vida familiar, como expressão da necessidade de intimidade, compartilhamento afetivo e ambiência favorecedora da evolução psicossocial dos seres humanos tem resistido aos embates da revolução dos costumes sexuais e das transformações ocorridas à raiz da miscigenação cultural, então não há o porquê de se duvidar que o impacto da clonagem dos seres humanos, como modelo futuro da reprodução da espécie, há de ser igualmente absorvido e incorporado em novas configurações familiares.

Há de se lembrar que nunca, no curso do processo civilizatório, os eventos consequentes ao progresso científico deixaram de se institucionalizar e ser, mais cedo ou mais tarde, aceitos como fato consumado pelos estamentos sociais. Assim, provavelmente irá ocorrer com a clonagem de seres humanos, ficção em vias de se tornar realidade, realidade a ser metabolizada pelo corpo societário.

Família e Uso de Drogas

Qual a responsabilidade da família no uso de drogas por parte dos filhos adolescentes?

Um indivíduo recorre ao uso de drogas por uma infinidade de motivos, desde a predisposição constitucional até a óbvia constatação de que as drogas proporcionam prazer e, quando se está carente da dose mínima de satisfação que a vida deve proporcionar, elas comparecem como a opção vicariante.

No que tange especificamente ao papel da família, não nos esqueçamos de que o fator imitação está mais presente na aquisição de hábitos por parte de crianças e adolescentes do que entre adultos, e na verdade, costuma-se aprender a usar drogas no seio da família e não fora dela. Os jovens podem divergir dos pais na escolha da droga a que recorrem, mas, mesmo quando isso ocorre, habitualmente os estão imitando no que chamamos **atitude drogaditiva**. Assim, pais que fumam tabaco e ingerem álcool ou mães que se utilizam de soníferos e moderadores do apetite podem estar induzindo, pela imitação, seus filhos a consumir substâncias outras que tenham efeitos tranquilizantes, euforizantes ou alienantes.

Como a família pode auxiliar um membro que está viciado em drogas?

Antes de mais nada, compreendemos que o que se denomina **vício** já está na esfera das **enfermidades**, e é necessária uma abordagem terapêutica e não simplesmente pedagógica ou repressiva.

Por outro lado, a rede familiar não só está também comprometida ou enferma pela presença de um **abusador de drogas** em sua trama como igualmente possui em sua própria natureza os elementos capazes de auxiliar na resolução do problema. Como? Bem, isso já vai além do alcance de uma rápida resposta no contexto deste livro, mas basta *se* apontar uma das tarefas a que a família pode se adjudicar para que se tenha ideia do alcance de seus potenciais de ajuda.

Sabe-se que só um prazer substitutivo pode desalojar a necessidade do prazer proporcionado pela droga. E o segredo de qual é esse prazer – ou **motivação** latente na vida do drogado – suficientemente poderoso para substituir o que oferece a droga pode ser revelado, nas narrativas que os familiares evocam sobre a vida pregressa, os relacionamentos, os gostos e idiossincrasias do membro que está abusando de drogas, assim como na descrição das características das interações entre todos os componentes desse núcleo familiar.

Enfim, paradoxalmente (ao menos para quem não está habituado a pensar sistemicamente e com a noção de *feedback* para guiá-lo), a mesma família que pode ter contribuído para a drogadição de um de seus membros, pode igualmente contribuir para recuperá-lo.

Família e Violência

Há um tipo de família que dê origem a indivíduos violentos?

Embora seja no seio da família que as primeiras manifestações identificáveis como comportamentos violentos apareçam, decididamente não se pode afirmar que haja um protótipo de família que gere indivíduos violentos. Corroborando isso há a constatação de que, em determinadas famílias, só um dentre vários filhos desenvolve tendências ao comportamento violento.

Em contrapartida, alguém poderia argumentar que há famílias de delinquentes, como entre os mafiosos. No entanto, embora obviamente não se possa excluir a presença de marcados elementos de identificação, como a figura do *capo* ou pai de família, nesses casos, há toda uma complexa rede de elementos socioculturais que funcionam como condicionadores da conduta delinquencial dos mafiosos. Igualmente, sabe-se que, mesmo entre eles, há quem escape aos padrões desejáveis pela máfia e, por isso mesmo, são exterminados ou banidos do grupo.

Enfim, podemos ter filhos violentos tanto de pais rígidos ou autoritários, como de pais abandonadores, rejeitadores ou ausentes, o que não permite que se responda afirmativamente à questão proposta.

Como a família pode contribuir para reduzir a prática da violência no mundo?

"Agressão gera agressão", ensina a sabedoria popular e confirma a experiência. Portanto, o aprendizado da resolução de conflitos e desavenças familiares por meio da negociação entre as partes envolvidas (pais/filhos; marido/mulher; irmãos), ou da mediação levada a cabo por membros da família não diretamente envolvidos com o confronto do momento, é a contribuição que a família pode dar para que também, no âmbito das comunidades, grupos étnico-religiosos ou nações, se reduza a prática da violência entre os litigantes.

Referências

AJURIAGUERRA, J. de. *Manual de psychiatrie de l'enfant*. Paris: Masson & Cie. Éditeurs, 1971.

BAPTISTA NETO, E. *A geração dos anos 90*. Florianópolis: Imprensa Oficial do Estado de SC, 1990.

COOPER, D. *The death of the family*. London: Allen Lane, Penguin Press, 1971.

OSORIO, L.C. *Adolescente hoje*. Porto Alegre: Artmed, 1989.

______________. *Violência nossa de cada dia*. Florianópolis: Gruppos – Espaço Editorial, 2001.

REISS, I. Apud *Familie*. Paris: Presses Encyclopédiques de France, 1971.

SANTANA, P. *Zero Hora,* Porto Alegre, maio 1996. Crônica.

ZAGURY, T. O. *Adolescente por ele mesmo*. Rio de Janeiro: Record, 1996.

Epílogo

Foi num desses dias em que se homenageiam os pais. Coincidentemente, era o dia em que se batizaria meu primeiro neto. E lá estava eu, um ateu e livre pensador, como dizia meu pai, na igreja, para assistir à missa e ao batizado. À entrada do templo, recebi uma publicação sobre a celebração eucarística do dia em questão e lá encontrei uma **oração da família**, da qual transcreverei alguns trechos que prazerosamente subscreveria:

"Que nenhuma família comece em qualquer de repente. Que nenhuma família termine por falta de amor. Que o casal seja um para o outro de corpo e de mente, e que nada separe um casal sonhador. Que nenhuma família se abrigue debaixo da ponte. Que ninguém interfira no lar e na vida dos dois. Que ninguém os obrigue a viver sem nenhum horizonte, que eles vivam de ontem, de hoje e em função do depois... Que marido e mulher tenham força de amor sem medida. Que ninguém vá dormir sem pedir ou dar perdão. Que as crianças apreendam no colo o sentido da vida, que a família celebre a partilha do abraço e do pão".

Na valorização da vida familiar como origem e destino da condição humana, encontramo-nos todos, indivíduos de distintos credos, culturas e latitudes. Se buscarmos um sentido para nossas existências é, sem dúvida, no convívio familiar que melhor o podemos encontrar. Louve-se, pois, a família, o grupo primordial do ser humano.

A família, na qual nada se perde, nada se cria, mas tudo se transforma para que não pereça e siga, através dos tempos, sendo o continente adequado para acolher nossos anseios e ideais ao longo do périplo existencial, está hoje tão viva como sempre.

A família, como a percebo no limiar desse novo giro em sua espiral evolutiva, será, quiçá num tempo não muito remoto, o *locus* apropriado às mais legítimas manifestações do instinto gregário do homem; em que a afinidade, e não apenas os laços de afiliação ou consanguinidade, presidirá a relação entre seus membros; em que o sentimento de posse cederá gradativamente seu lugar ao anseio de doação; em que o contrato cível ou religioso entre os casais não prevalecerá sobre o livre e espontâneo vínculo amoroso; em que o direito *sobre* os filhos não terá primazia em relação ao direito *dos* filhos; em que os pais não se sintam em eterna obrigação para com os filhos apenas porque os geraram; em que a responsabilidade, e não a culpa, seja o elemento básico a regular as relações familiares; em que, enfim, todas essas transformações assinalarão o advento da maioridade social da Família, de sorte que o sombrio retrato dela traçado por Capistrano de Abreu – família como um grupo formado por pais soturnos, mães submetidas e filhos aterrorizados – permaneça apenas como a fugidia lembrança de um arquétipo definitivamente ultrapassado.

Posfácio

Os humoristas, assim como os poetas, são os intuitivos antecipadores do conhecimento humano. Antes que possamos ou tenhamos condições de verter em nosso discurso tecnicoide as observações e conclusões a que somos conduzidos por nossa práxis profissional, eles já nos precederam, com a dupla vantagem de que o fazem com muito mais brilho e graça e sem o ônus de terem que apresentar os argumentos demandados pelos cânones científicos a que nos subordinamos.

Luiz Fernando Veríssimo, além de arguto observador das peripécias do homem em suas circunstâncias, sabe, como poucos, captar e sintetizar o que delas transcende o efêmero. As charges que criou sobre a "Família Brasil" são, em meu entender, as mais expressivas e condensadas representações do cotidiano existencial da família contemporânea *chez nous*. Assim sendo, nada melhor que a presença das personagens da "Família Brasil" para sublinhar este vínculo associativo que comparecia em meu pensamento enquanto elaborava o texto. Por isso, a decisão de manter na contracapa a ilustração preparada por Luiz Fernando para o livro anterior e que deu origem a este.

E, como uma família puxa a outra, tal qual fazem as ideias, fique este encontro da "Família como a vejo nos tempos atuais" com a "Família Brasil" como registro e celebração da amizade de nossas famílias. Afinal, as grandes amizades, como os bons vinhos, são para serem degustadas em família!

(Em tempo: cá para nós, Luiz Fernando, – e que nem o vovô Brasil nem os leitores ouçam – as respostas que me ocorreram só me levaram a novas e perturbadoras indagações; de qualquer modo, meus agradecimentos pela "colher de chá" que me chegou adoçada pelo *savoir-faire* da sempre prestimosa Lúcia Veríssimo.)

Construindo ideias
e conectando mentes

Este livro foi composto com tipografia Bembo Std
e impresso em papel Pólen Soft 80g/m²
na Gráfica Formato em julho de 2021.